As diversas faces do TERRORISMO

As diversas faces do TERRORISMO

Paulo Sutti
Sílvia Ricardo

editora HARBRA

Direção Geral: Julio E. Emöd
Supervisão Editorial: Maria Pia Castiglia
Revisão de Provas: Carla Castiglia Gonzaga
Estevam Vieira Lédo Jr.
Ana Paula Ramos Patrocínio
Patricia Aguiar Gazza
Editoração Eletrônica e Mapas: Eliana Shoyama
Capa: Mônica Roberta Suguiyama
Fotografia da Capa:: Reuters NewMedia Inc./CORBIS/Stock Photos
Impressão e Acabamento: Yangraf Gráfica e Editora Ltda.

Dados Internacionais de Catalogação na Publicação (CIP)
(Câmara Brasileira do Livro, SP, Brasil)

Sutti, Paulo
As diversas faces do terrorismo / Paulo Sutti,
Sílvia Ricardo. -- São Paulo : HARBRA, 2009.

Bibliografia.

1. Terrorismo - História I. Ricardo, Sílvia.
II. Título.

09-12513 CDD-303.62509

Índices para catálogo sistemático:
1. Terrorismo : História : Sociologia 303.62509

As diversas faces do TERRORISMO

Rua Joaquim Távora, 779 – Vila Mariana – 04015-001 – São Paulo – SP
Promoção: (0.xx.11) 5084-2482 e 5571-1122. Fax: (0.xx.11) 5575-6876
Vendas: (0.xx.11) 5549-2244, 5084-2403 e 5571-0276. Fax: (0.xx.11) 5571-9777

ISBN 85-294-0248-0

Impresso no Brasil *Printed in Brazil*

Conteúdo

Prefácio

Segundo o filósofo italiano Domenico de Masi, vivemos um período de desorganização mundial. Esse período corresponde a um dos ciclos de organização e desorganização que se sucedem no desenrolar da História. Esses dois ciclos, quando ocorrem, abrangem todos os níveis das organizações sociais e das relações humanas. Nos momentos de desorganização, há uma desestabilização dos limites dos arcabouços políticos e econômicos e uma certa ruptura nas relações sociais tradicionais. Nos instantes de desorganização, geralmente de grande efervescência, afloram e se intensificam as tensões e contradições sociais, o que favorece o crescimento e a ação de grupos radicais.

Nesse contexto, os autores – de uma forma clara, objetiva e didática – apresentam um quadro abrangente do terror e do terrorismo, em especial no frenético século XX. A leitura nos permite entender o momento e as causas que levaram diferentes grupos ou pessoas a adotarem táticas políticas violentas contra determinados grupos ou pessoas, provocando morte, destruição, caos e medo nas populações.

Tenho certeza de que esta obra contribuirá na formação do seu conhecimento sobre o controverso tema do terrorismo, e o ajudará a entender o complexo momento em que vivemos.

Boa leitura!

Prof. Ms. Paulo Roberto Moraes

1

As Origens e Definições de Terrorismo

Atacar não significa apenas assaltar cidades muradas ou golpear um exército em ordem de batalha, deve também incluir o ato de assaltar o inimigo no seu equilíbrio mental.

Sun Tzu-Ping-fa, *A Arte da Guerra*, séc. IV a.C.

Na história da humanidade, a violência física e psicológica sempre foi utilizada em larga escala, em nome de uma ideologia, de uma religião, da manutenção do poder, para calar vozes adversárias, como forma de dominação, do personalismo, entre outros tantos motivos injustificáveis. Dessa maneira, recorreu-se incontáveis vezes ao uso de torturas físicas, assassinatos, coerção e ameaças, impondo o medo para se evitar rupturas ou opositores, reais ou imaginários.

Por outro lado, grupos organizados também se utilizaram – e utilizam até os nossos dias – de mecanismos e ações para impor medo e terror às populações ou governos. Tais grupos também agem em nome de uma causa, de uma ideologia, de uma religião ou para desestabilizar regimes que são contrários a sua maneira de pensar.

Nos últimos cem anos, o terror tem sido cada vez mais utilizado como forma de ação estratégica e política.

A Origem do Termo Terrorismo

A Revolução Francesa de 1789 é um marco na História ocidental. Por meio dela, o poder revolucionário pôs abaixo as estruturas do Antigo Regime, estruturado nos privilégios da nobreza, do clero e da monarquia absolutista. A nova classe que subia ao poder, a burguesia, precisava estabelecer dois limites para esse processo:

- decidir o que deveria ser demolido, reformado ou preservado das antigas instituições;
- acertar o ponto em que deveriam ser detidas as pretensões das massas populares que apoiaram a revolução mediante promessas muito generosas, e que exigiam reformas profundas, entre as quais se destacavam a *igualdade*, a *liberdade* e a *fraternidade* plenas.

O documento político que consagrou a vitória do ideário burguês na França foi a **Declaração dos Direitos do Homem e do Cidadão**, do qual transcrevemos alguns de seus itens.

Art. 1.º Os homens nascem livres e iguais em direitos e as distinções sociais não podem fundar-se senão na utilidade comum.

Art. 2.º Toda a sociedade política tem por fim conservar os direitos naturais e imprescritíveis do homem. Estes direitos são a liberdade, a propriedade, a segurança e a resistência contra a opressão.

Art. 10.º Ninguém deve ser incomodado pelas suas opiniões, embora sejam religiosas, contanto que a manifestação das mesmas não perturbe a ordem pública estabelecida pela lei.

Art. 11.º A livre emissão das opiniões e dos pareceres é um dos direitos dos mais preciosos do homem; portanto, todo e qualquer cidadão pode falar, escrever e imprimir livremente, salvo nos casos em que o abuso desta liberdade implique uma responsabilidade determinada pela lei.

Art. 12.º É necessária uma força pública para garantir os direitos do homem e do cidadão; esta força é, portanto, instituída em benefício de todos e não para o uso particular daqueles a quem estiver confiada.

Art. 17.º Sendo a propriedade um direito inviolável e sagrado, ninguém dela poderá ser privado senão em razão de utilidade pública, legalmente justificada, e justa e prévia indenização.

MARTINEZ, P. *Direito de Cidadania:* um Lugar ao Sol. São Paulo: Scipione, 1996. p. 10, 11.

Em todo período revolucionário de grandes proporções, o assentamento das diversas correntes e facções que formam o movimento, a consolidação do poder e da efetiva direção política que ele terá, há momentos de turbulência, não raro marcados por violência, perseguições e eliminação de opositores. A Revolução Francesa não fugiu a essa regra.

Na França, no início da década de 1790, acirrou-se a disputa entre grupos políticos revolucionários, principalmente entre os *girondinos*, que representavam a grande burguesia, e os *jacobinos*, principal elo entre os membros radicais da Assembleia e o movimento popular, que ganhava cada vez mais força nas ruas. Nesse período, os radicais jacobinos criaram o Tribunal Revolucionário, que julgava os opositores da Revolução e muitas vezes os condenava à morte na guilhotina.

A prática radical exaltou ainda mais os ânimos. A execução de muitas pessoas deu início à fase da Revolução chamada de **Terror.**

A Revolução Francesa marcou o fim do Antigo Regime e a ascensão da burguesia. Até a consolidação do poder por essa classe social, a França passou por diversos momentos, e um deles foi extremamente violento, conhecido como **Terror**.

O período entre setembro de 1793 e julho de 1794, caracterizado por grande violência e por centenas de execuções, deu origem ao termo **terrorismo**, que apareceu grafado pela primeira vez em 1798 no Suplemento do Dicionário da Academia Francesa, para caracterizar o extermínio em massa de pessoas de oposição ao regime promovido pela autoridade governamental instituída. Nesse sentido, o Estado é o agente do terror.

A Moderna Concepção Política de Terrorismo

Definições de Terrorismo

O terrorismo, como o entendemos hoje, é considerado um instrumento de violência com fins estratégicos e políticos, patrocinado por ideologias, inclusive religiosas. No século XIX surgiu essa acepção de ação política, sendo creditada ao alemão Karl Heinzen (1809-1880), que a descreve na sua obra *Das Mord.* Nela, Heinzen pregava o uso da violência e de métodos que tragam pânico e terror, como bombas e envenenamento, para atingir determinados objetivos considerados fundamentais para uma causa. Além disso, sempre em nome da causa, admitia alianças com a escória social (bandidos, por exemplo) e o recrutamento de pessoas para morrerem por ela. As ideias de Heinzen tiveram eco significativo no século XIX, influenciando Mikhail Bakunin e Piotr Kropotkin, que criaram o *anarquismo.*

O termo anarquismo, ao qual frequentemente é associado o de "anarquia", tem uma origem precisa do grego, sem Governo: através deste vocábulo se indicou sempre uma sociedade livre de todo o domínio político autoritário, na qual o homem se afirmaria apenas através da própria ação exercida livremente num contexto sociopolítico em que todos deveriam ser livres.

Anarquismo significou, portanto, a libertação de todo o poder superior, fosse ele de ordem ideológica (religião, doutrinas, políticas etc.), fosse de ordem política (estrutura administrativa hierarquizada), de ordem econômica (propriedades dos meios de produção), de ordem social (integração numa classe ou num grupo determinado) ou até de ordem jurídica (a lei). A estes motivos se junta o impulso geral para a liberdade.

(...) Precisados os termos, por Anarquismo se entende o movimento que atribui, ao homem como indivíduo e à coletividade, o direito de usufruir toda a liberdade, sem limitação de normas, de espaço e de tempo, fora dos limites existenciais do próprio indivíduo: liberdade de agir sem ser oprimido por qualquer tipo de autoridade, admitindo unicamente os obstáculos da natureza, da "opinião", do "senso comum" e da vontade da comunidade geral – aos quais o indivíduo se adapta sem constrangimento, por um ato livre de vontade.

Característico do Anarquismo é o fenômeno da rebeldia, por seu lado exterior violento ou, pelo menos, não pacífico vizinho, mas não necessariamente conexo com o fenômeno paralelo do insurrecionismo. A rebeldia ou rebeldismo é a exteriorização violenta e de improviso, a maior parte das vezes manifestando-se irracionalmente, de uma ação eversiva contra a ordem constituída.

Tal tipo de ação, precisamente pela desorganização e impulsividade com que se manifesta, pode ter, até, um sucesso imediato, como acontece no caso de uma insurreição – precedida de uma teorização aplicada –, assim como pode dar lugar a uma verdadeira revolução.

BOBBIO, N. *Dicionário de Política.*
Brasília: Editora Universidade de Brasília, 1986.

É difícil conseguir uma definição suficientemente ampla e consensual para terrorismo, pois ela envolve conceitos políticos, ideológicos, militares, religiosos. No início do século XX, por exemplo, o termo terrorismo era definido, em dicionários, com uma conotação bem diferente da que temos hoje em dia: "pessoa que espalha boatos assustadores; que prediz catástrofes ou acontecimentos funestos; pessimista".

Vejamos algumas definições do que é terrorismo:

- "Terrorismo é o uso de violência política como forma de pressionar um governo e/ou sociedade para que aceitem uma mudança política ou social radical."

  ROBERTSON, D. *A Dictionary of Modern Politics.*
  New York: Oxford, 1993.

- Segundo o *Novo Dicionário Aurélio da Língua Portuguesa*, terrorismo é: "modo de coagir, ameaçar ou influenciar outras pessoas, ou de impor-lhes a vontade pelo uso sistemático do terror. Forma de ação política que combate o poder estabelecido mediante o emprego da violência".

- "Prática do terror como instrumento de ação política, procurando alcançar, pelo uso da violência, objetivos que poderiam ou deveriam cometer-se ao exercício legal da vontade política. O terrorismo caracteriza-se, antes de mais nada, pela indiscriminação das vítimas a atingir, pela generalização da violência, visando, em última análise, a liquidação, desativação ou retração da vontade de combater do inimigo predeterminado, ao mesmo tempo em que procura paralisar também a disponibilidade de reação da população."

Enciclopédia Verbo do Direito e do Estado.
Lisboa: Polis-Portucalense, 1997. v. V.

- "Terrorismo pode ser definido como uma intimidação coercitiva ou, mais amplamente, como o uso sistemático de assassinatos, ferimentos e destruição, ou ameaças, para criar um clima de terror, para divulgar uma causa, e coagir pessoas a se submeterem aos seus objetivos."

BOGDANOR, V. (Ed.) *The Blackwell Encyclopedia of Political Institutions.* New York: Oxford, 1987.

- "O terrorismo assenta, pois, no recurso sistemático à violência como forma de intimidação da comunidade no seu todo. No entanto, a prática do 'terror' pode visar finalidades políticas muito distintas: a subversão do sistema político (como sucedeu com as *Brigadas Vermelhas* na Itália ou com o *Baader-Meinhof* na Alemanha), a destruição de movimentos cívicos ou democráticos (como sucedeu com a *Aliança Anticomunista* da Argentina e, em certa medida, com os *Esquadrões da Morte* brasileiros), o separatismo (como sucede com a *ETA*) ou a afirmação de convicções religiosas (como sucede com alguns movimentos fundamentalistas)."

BOBBIO, N. *Op. cit.*

- O *Atlas de Relações Internacionais* da editora francesa Hatier trata deste tema afirmando: "forma extrema de ação política, o terrorismo é um preâmbulo ou um substituto da guerra. Internamente a um país, ele pode anunciar a guerrilha ou uma guerra civil. Em nível internacional, ele representa, em geral, uma estratégia de pressão dirigida contra certos Estados. Na França, em 1991, ele foi definido como uma ação deliberada com o intuito de intimidar ou o uso de violência contra as instituições democráticas para provocar uma parcela do território nacional a não obedecer à autoridade do Estado".

- Definição de acordo com o dicionário jurídico, político e de ciências sociais de Manuel Osório: "atos de violência contra pessoas, a liberdade, a propriedade, a segurança comum e a tranquilidade pública, os poderes públicos e a ordem constitucional ou contra a administração pública".

Formas de Terrorismo

Ao longo do século XX e início do XXI, o sentido de terrorismo não ficou preso ao seu sentido original, ligado às ações de execução e de extermínio do Estado, sendo hoje muito mais identificado com ações violentas e de objetivos políticos de grupos ou de pessoas que se opõem a governos.

No intrincado e complexo século XX, o **terrorismo** esteve presente em diferentes formas:

- de Estado, em que governos utilizaram genocídios, extermínios, prisões, torturas e deportações, invocando razões de Estado (ou a sua segurança), voltando-se contra minorias étnicas, religiosas ou políticas;
- de pessoas com o mesmo objetivo que se reúnem para praticar atos que levem temor aos governos ou populações; e
- de um único indivíduo, agindo sozinho, usando da prática do terror para conseguir seus objetivos.

Faria tudo de novo, e melhor.

Ilitch Ramirez Sanchez

Segundo o *Novo Dicionário Aurélio da Língua Portuguesa*, mercenário quer dizer "que age por interesse financeiro; aquele que serve ou trabalha por estipêndio ou interesse".

De 1973 até 1994, o venezuelano Ilitch Ramirez Sanchez foi tido como o maior terrorista em atividade, pois praticou diversos atentados (sequestros, atentados a bomba, assassinatos), encomendados e remunerados por serviços secretos de países como os da Europa do Leste, da URSS e os do mundo árabe. Ele é acusado de ter provocado a morte de 93 pessoas e de ferir centenas de outras.

Foi caçado por policiais de todo o mundo. Passou a ser chamado *Carlos, o Chacal*, como a personagem central da ficção de Frederick Forsyth, *O Dia do Chacal*, um homem misterioso que praticaria atentados pagos por organizações clandestinas ou serviços secretos, inclusive um frustrado atentado contra o ex-presidente francês Charles de Gaulle.

Nascido na Venezuela, o Chacal sofreu grande influência de seu pai, que era comunista. Na sua juventude, recebeu treinamento militar em Cuba e estudou na URSS. Em 1973, com 24 anos, ingressou na Frente Popular para a Libertação da Palestina (FPLP) e, nessa época, assassinou com um tiro na cabeça Joseph Shieff, presidente da Marks & Spencer, uma grande loja de departamentos inglesa e vice-presidente da Federação Sionista do Reino Unido e Irlanda.

Carlos, o Chacal, e algumas de suas armas.

Em 1975, praticou um dos seus atentados mais espetaculares, sequestrando 11 ministros de países-membros da OPEP, reunidos em Viena, matando, nessa ocasião, três pessoas.

Nos anos seguintes, continuou com suas atividades terroristas, tornando-se o homem mais procurado pelas polícias secretas do Ocidente. Mesmo assim, suas ações espetaculares não deixavam rastro, criando-se uma aura de mistério em torno desse terrorista mercenário.

Em 1994, com o fim da Guerra Fria, eram poucos os refúgios para o Chacal. Nesse ano ele foi preso no Sudão, onde morava, e extraditado para a França, onde foi julgado e condenado à prisão perpétua.

Milícias norte-americanas

Um homem armado é um cidadão. Um desarmado é um súdito.

Thimothy McVeigh

Em 19 de abril de 1995, as televisões de todo o mundo mostravam cenas terríveis de uma poderosa explosão de um carro-bomba. Com mais de duas toneladas e meia de nitrato de amônia, destruiu um prédio federal em Oklahoma City, matando 168 pessoas e ferindo mais de 600, inclusive 19 crianças que estavam na creche dessa repartição federal. As primeiras suspeitas recaíram sobre extremistas árabes, que estariam praticando um atentado em solo norte-americano. Porém, logo ficou claro que o atentado era ideológico, provocado por um cidadão americano, ex-combatente da Guerra do Golfo e ligado a um grupo de extrema-direita.

Uma hora depois do atentado, Thimothy McVeigh dirigia pela cidade e, ao cometer uma infração de trânsito, foi parado pela polícia. Ele acabou detido por posse de armas. No dia seguinte, foram divulgados os retratos falados de dois suspeitos: McVeigh correspondia à descrição de um deles. Em poucas horas, McVeigh foi identificado e acusado de ser o autor do atentado juntamente com Terry Nichols, que se entregou às autoridades.

A perplexidade tomou conta dos americanos que não podiam crer no que a mídia divulgava incessantemente: um norte-americano provocara a tragédia. McVeigh afirmou ter agido sozinho, e que seu ato era uma forma de protesto contra duas ações da polícia federal americana, o FBI: o cerco aos integrantes de uma seita em Waco, no Texas, que se recusavam a se entregar (e que resultou na morte de 80 pessoas) e o assassinato do separatista Ruby Ridge, em Idaho, em 1992.

Thimothy teve seu nome ligado às milícias brancas racistas, grupos de extrema-direita armados do interior dos Estados Unidos, que pregam a soberania das comunidades locais, exaltam a superioridade do homem branco heterossexual e cristão, bem como a preservação da família e da moral, e declaram como seu inimigo o governo federal dos Estados Unidos. Na visão desses grupos, o governo só deve ser tolerado como a expressão direta da vontade do cidadão. A única instância governamental tolerada são as administrações locais, em que o acesso aos governantes é direto, permitindo que a comunidade controle efetivamente aqueles que elegeram. Dentro desta perspectiva, o governo federal é considerado totalmente ilegítimo.

McVeigh foi julgado e condenado à morte como responsável pelo atentado. Foi executado no dia 11 de junho de 2001, com uma injeção letal. A sua morte foi acompanhada por cerca de 200 pessoas, entre sobreviventes e parentes das vítimas, por meio de um circuito interno de tevê instalado na câmara da morte.

McVeigh chocou a opinião pública americana ao matar 168 pessoas na explosão de Oklahoma. Ao contrário do que se apregoava, o inimigo não eram os terroristas árabes: o terrorista era norte-americano.

A extrema-direita norte-americana, na figura de Thimothy McVeigh, provocou um atentado em Oklahoma sem precedentes na história do país. O resultado foi catastrófico.

McVeigh identificava-se com o pensamento das milícias formadas basicamente por fazendeiros do centro-oeste americano. Reproduzimos aqui um trecho de uma revista que retrata o pensamento da ultra direita nacionalista estadunidense:

"Em suma, a Nova Ordem Mundial é um sistema utópico em que a economia dos Estados Unidos (assim como a de qualquer outra nação) será 'globalizada'; os níveis salariais de todos os trabalhadores norte-americanos e europeus serão nivelados por baixo com base nos salários pagos aos trabalhadores do Terceiro Mundo; para todos os fins práticos as fronteiras nacionais deixarão de existir; um fluxo cada vez maior de imigrantes do Terceiro Mundo para os Estados Unidos e Europa acabará resultando em uma maioria não branca espalhada por todas as áreas do planeta habitadas anteriormente por brancos; uma elite formada por financistas internacionais, especialistas da mídia e dirigentes de corporações multinacionais vai dar as cartas; e as forças de paz das Nações Unidas serão empregadas para impedir a iniciativa de qualquer um que decida optar por ficar de fora desse sistema."

PIERCE, W. *National Vanguard.* Hillsboro, mar. 1994.

2

Ações que Mudaram a História

Ações terroristas marcaram importantes momentos históricos, em alguns deles provocando reações que redirecionaram a própria História. Um atentado terrorista, o assassinato do herdeiro do Império Austro-Húngaro, foi o estopim para o início da Primeira Guerra Mundial; na Segunda Guerra, após a tomada da França pelos nazistas, os franceses se organizaram em grupos para combater o invasor, usando táticas de terrorismo urbano e de guerrilha.

O Assassinato do Arquiduque Ferdinando

Na década de 1910, a tensão entre países europeus beirava o insuportável. As nações encontravam-se em um estado de beligerância, sem, no entanto, declarar o conflito militar. Havia o "cheiro" de guerra no ar.

Nessa época, com o aumento da capacidade destrutiva provocada por artefatos com explosivos mais potentes, grupos europeus descontentes com a situação política de seus países usaram o terror como forma de ação.

A situação política nos Bálcãs era extremamente delicada, um verdadeiro barril de pólvora. A pequena Sérvia, situada na Península Balcânica, no sudeste da Europa, há muito manifestava suas pretensões hegemônicas na região. Em 1908, as forças austro-húngaras anexaram a vizinha Bósnia, impedindo, assim, os sérvios de realizarem seu sonho de anexar territórios balcânicos e implantar a Grande Sérvia. Diante desse fato, os sérvios passaram a estimular o nacionalismo e o descontentamento das populações eslovenas do Império Austro-Húngaro, em especial as da Bósnia e de Herzegovina, para que estas conseguissem sua independência.

Em junho de 1914, o herdeiro do Império Austro-Húngaro, o arquiduque Francisco Ferdinando, foi a Sarajevo, capital da Sérvia, para anunciar uma saída política para a crise, com a implantação de uma monarquia austro-húngara-eslava. Mas não houve tempo, pois ele foi assassinado por um terrorista sérvio antimonarquista, da organização secreta *Mão Negra*, que lutava pela independência da Bósnia. Em um mesmo dia, o herdeiro e sua mulher sofreram dois atentados. No primeiro, os terroristas jogaram uma bomba, da qual o arquiduque conseguiu se desviar; no segundo, dois tiros de revólver mataram o herdeiro e sua esposa, a princesa Sofia. Os tiros fatais foram disparados pelo estudante sérvio nacionalista, Gavrilo Princip, de apenas 19 anos.

O arquiduque Francisco Ferdinando e sua esposa, Sofia, deixando o Senado, em Sarajevo.

O assassinato foi o estopim para a Primeira Guerra Mundial. Os austríacos acusaram os nacionalistas sérvios de serem os responsáveis pela morte do casal real e exigiram uma investigação em território sérvio que contasse com a presença de austríacos. A Sérvia não aceitou a exigência, contando com o apoio da Rússia, da França e do Reino Unido, e solicitou uma arbitragem internacional. Diante disso, em 28 de julho de 1914, o Império Austro-Húngaro declarou guerra à Sérvia.

No dia seguinte, tropas russas se movimentaram para defender a Sérvia, e os russos declararam guerra ao Império Austro-Húngaro. A Alemanha, aliada austríaca, declarou guerra à Rússia em 1.º de agosto e, dois dias depois, à França. Mais dois dias, e a França declarou guerra à Alemanha. Tinha início a Primeira Guerra Mundial, que durou quatro anos e deixou um saldo de 8,5 milhões de mortos. Dois tiros deflagraram o maior conflito militar visto, até então, pela humanidade.

Adaptado de: WALLBANK, T. W. *et al. History and Life.* 4. ed. Illinois: Scott, Foresman, 1993.

Mapa da Europa na segunda metade do século XIX. Em destaque, a Sérvia.

A Resistência Francesa

Em 1940, durante a Segunda Guerra Mundial, os exércitos alemães avançavam cada vez mais, tomando posições e territórios no continente europeu. Nesse ano, a França, um país forte e industrializado, antigo rival alemão, caiu em poder dos nazistas.

Em 13 de maio de 1940, as poderosas tropas alemãs cruzaram a fronteira francesa com o intuito de tomar a França, fato que ocorreu em apenas 39 dias de luta. O próprio Hitler surpreendeu-se com a facilidade da ação militar, prevista para ser muito mais longa e desgastante. No dia 14 de junho, os nazistas alemães já tinham tomado Paris e desfilavam triunfantes pela Avenida Champs-Elisées, um dos principais pontos de Paris. Em 25 de junho de 1940 deu-se a rendição francesa em um vagão de trem, o mesmo que foi usado pelos alemães para assinarem o armistício da Primeira Guerra Mundial em novembro de 1918. A França, ocupada pelas tropas alemãs, ficou restrita à costa do Atlântico e à região de Paris; seu interior tornou-se uma região administrativa autônoma que foi administrada pelo Marechal Pétain, um herói da Primeira Guerra Mundial que colaborou com os nazistas, sendo a cidade de Vichy a nova sede do governo francês.

Pétain chefiou o governo colaboracionista francês a partir da cidade de Vichy.

Paris foi tomada pelos nazistas praticamente sem resistência. Muitos franceses submeteram-se à nova ordem e passaram a colaborar com o invasor. Tal atitude feriu o brio e deixou indignada uma parcela significativa da população francesa Na foto, Hitler em Paris (23 de junho de 1940).

Diante da capitulação e do governo colaboracionista de Vichy, ninguém podia imaginar que a população francesa conseguiria se unir para lutar contra os invasores, em um movimento que ficou conhecido como **Resistência Francesa.**

No dia 18 de junho, quatro dias após a tomada de Paris, o subsecretário de Defesa da França, general Charles de Gaulle, fez um apelo emocionado pela rádio inglesa BBC, conclamando os seus compatriotas a segui-lo para lutarem contra o inimigo que tomou o território francês. De Gaulle foi para a Inglaterra para coordenar o movimento de resistência, contando, para isso, com a ajuda britânica: "Não importa o que aconteça, a chama da resistência francesa não deve se apagar, e não vai se apagar. A derrota é definitiva? Não. Creiam-me. Eu falo com conhecimento de causa e digo que nada está perdido para a França".

De Londres, após a ocupação, de Gaulle incitou a população francesa para que resistisse aos nazistas, tornando-se o líder do movimento contra os invasores.

A Resistência Francesa iniciou-se em grupos pequenos da França Livre, a França que não estava em poder dos nazistas. Em sua luta, usou de atos de sabotagem, bombas, propaganda e, até, jornais clandestinos, como o *Libéracion*, que, depois da guerra, tornou-se um jornal de grande circulação, existindo até hoje. Os homens uniam-se em grupos e, independentemente de seus credos, religião e nacionalidade, juntavam-se com o objetivo maior de combater o invasor germânico, sem, entretanto, estarem articulados entre si.

A Resistência crescia. Quando o exército alemão convocou franceses para integrar as fileiras alemãs, o número de adesões à Resistência aumentou significativamente, pois os franceses, indignados, recusavam-se a pertencer ao exército de Hitler e preferiam lutar contra os invasores de seu território.

Em 1941, da Inglaterra, de Gaulle encarregou Jean Moulin, ex-alcaide de Chartres, cidade próxima a Paris, e totalmente engajado na libertação da França ocupada, de reunir os diversos grupos combatentes. Assim, em 1943, estavam todos sob a direção de Moulin, que liderava o Conselho Nacional da Resistência. Jean Moulin o liderou até sua prisão e morte, em 1943, na cidade de Lyon. O nazista alemão Klaus Barbie o torturou até a morte, ficando conhecido por isso como o Carrasco de Lyon.

O movimento da Resistência foi importante para a libertação da França do jugo alemão, o que se deu a partir do dia 6 de junho de 1944, também conhecido como Dia D, quando as tropas aliadas invadiram o território francês, nas costas da Normandia, dando início ao fim da Segunda Guerra. Paris foi libertada pelas tropas aliadas.

Jean Moulin.

Os Membros da Resistência

Tomar a decisão de lutar contra o invasor não era uma tarefa fácil. Combater o invasor alemão significava dar adeus à sua vida civil, à família, combater em condições precárias, com armas inferiores ou obsoletas perante as do inimigo, nem sempre ter o que comer ou com o que se agasalhar, viver sob uma disciplina rigorosíssima. Além disso, os combatentes tinham plena consciência de que, se caíssem em mãos inimigas, seu fim seria um pelotão de fuzilamento ou a tortura até delatar os companheiros. Fazer essa opção significava, conforme um jornal da Resistência de 1943, "incorporar-se ao exército da Resistência, decidir-se a arriscar a vida pela salvação do país, sofrer na espera da luta pela libertação". Os que assim decidiam iam para os "maquis", zonas montanhosas ou de florestas, por isso os combatentes da Resistência ficaram conhecidos como *maquis*.

A vegetação mediterrânea, conhecida como maquis, deu origem ao nome pelo qual os membros da Resistência Francesa ficaram conhecidos.

Segundo o *Novo Dicionário Aurélio da Língua Portuguesa*, maquis significa:

1. Vegetação espessa (arbustos, urzes etc.) característica de certas regiões mediterrâneas.
2. Na França, local de difícil acesso onde se reuniam os membros do movimento clandestino de resistência à ocupação alemã (1940-1944) durante a II Guerra Mundial.

As atividades da Resistência estavam muito voltadas para atos de sabotagem e emboscadas, contando com a cooperação (imprescindível) de grande parte da população civil francesa, principalmente nos centros urbanos e industriais, além dos camponeses que lhes davam principalmente comida, tirando-a de suas colheitas.

Decálogo de um "Maquis"

1.º – Todo homem que solicita admissão no maquis da Resistência Unida não é somente um refratário à mobilização alemã, mas também um franco atirador voluntário e um auxiliar do exército secreto das Forças Francesas Combatentes, comandadas pelo general de Gaulle e pelo "Comité National Français".

2.º – Aceita submeter-se à severíssima disciplina do maquis e obedecer sem discussão a todas as ordens que receber do chefe.

3.º – Renuncia, até o fim da guerra, a comunicar-se com sua família ou seus amigos. Guardará segredo absoluto sobre a distribuição dos refúgios, a identidade dos seus chefes e companheiros. Sabe que qualquer infração desta proibição será punida com pena de morte.

4.º – Declara compreender que nenhuma ajuda especial pode ser proporcionada à sua família, sem submetê-la aos ciúmes e denúncias dos vizinhos.

5.º – Sabe que não pode ser feita nenhuma promessa de salário regular, que sua subsistência e até seus armamentos são inseguros. Declara compreender que a menor coisa que obtenha não foi conseguida senão por um esforço constante, ao preço de enormes dificuldades e de perigos extremos para todos os quadros superiores e órgãos de ligação. Respeitará a propriedade privada e a vida dos cidadãos franceses, aliados ou neutros, não só porque a existência do maquis depende da sua boa harmonia com a população, mas também porque os homens do maquis são o que há de melhor no país e devem dar a todos o exemplo e a prova de que a coragem e a honestidade marcham juntas no espírito dos verdadeiros franceses.

6.º – A alimentação e o vestuário dos maquis podem nos obrigar a ordenar operações de pilhagem nos armazéns das forças de polícia de Vichy, ou até de seus depósitos, das reservas de víveres ou de vestuário do "Secours National" ou dos prisioneiros. Esses assaltos, que serão limitados ao indispensável, para que seja assegurada a todo preço a subsistência dos refratários, serão executados por homens de classe, escolhidos com cuidado muito particular com relação ao seu alto valor moral. Assim que o armamento permitir, essas operações se realizarão exclusivamente sobre as reservas do exército de ocupação.

7.º – Naturalmente, não se realizará nenhuma distinção de credo religioso ou de opinião política, no que concerne à adesão dos candidatos. Católicos, protestantes, muçulmanos, judeus ou ateus, monarquistas, radicais, socialistas ou comunistas, todos os franceses que desejarem lutar contra o "inimigo comum" são bem-vindos entre nós. Não somente o homem do maquis respeitará as crenças e as opiniões dos seus companheiros, mas também deve ser para eles um amigo abnegado, um irmão de armas; a salvação de todos depende deles, e somente uma boa camaradagem tornará a vida suportável nos refúgios da Resistência. Todos deverão esquecer seus costumes, seu egoísmo e até seus gostos; sacrificar-se por um companheiro, tomar seu lugar na labuta quando estiver cansado, em perigo, em todos os casos, são as menores virtudes que se podem exigir de homens colocados na nossa situação. Um ferido jamais deverá ser abandonado. Os cadáveres deverão ser transportados e enterrados, cada vez que isso for humanamente possível.

8.º – O voluntário do maquis não será armado senão quando sua resistência, seu treinamento, e sua disciplina o tornarem digno de receber uma de nossas armas, muito poucas, e, em consequência, muito preciosas. Deverá cuidar dela carinhosamente, conservá-la escrupulosamente limpa, levá-la sempre consigo, salvo se tiver que confiá-la ao armeiro do campo. Toda perda de arma será punida com a morte. Esta sanção é severa, porém indispensável para a salvação de todos.

9.º – O voluntário conservará seus pertences e seu corpo tão limpos como possível; a saúde física e moral depende disso; é indispensável para a salvação da nação.

10.º – Todo homem do maquis é um inimigo do marechal Pétain e dos traidores que obedecem a ele.

Disponível em: <http://www.sites.uol.com.br/adluna>.
Acesso em: 6 maio 2002.

Para descrever os aspectos característicos da incessante luta travada pelos maquis, reproduziremos textualmente alguns informes tirados de relatórios oficiais de Vichy:

Entre três e três e meia da madrugada, três homens mascarados irromperam no local e, revólver em punho, ordenaram ao guarda que não desse o alarma, enquanto outros homens, igualmente mascarados, ficavam no corredor, e mais outros, colocados nas imediações, vigiavam o Corpo de Guarda.

G... foi levado para perto de um caminhão estacionado na estrada e teve que assistir ao carregamento dos objetos e armas tirados do negócio; um jovem, o único que não usava máscara, se apoderou também da pistola do guarda G... encarregado de assegurar a vigilância na porta de entrada sul do campo, enquanto um último grupo de agressores se encaminhou para o compartimento onde estavam depositadas as munições. Depois de haver lançado mão de todas as reservas, e tê-las carregado num caminhão, os assaltantes se dispersaram na noite.

Em número de trinta, os autores desse assalto eram todos jovens de 20 a 25 anos, que falavam francês, dos quais, dois, pelo menos, utilizavam o dialeto da região. Durante o curso dessa operação foram roubados: 225 fuzis curtos; 271 baionetas; 568 pistolas automáticas; 2 fuzis-metralhadoras; 17.000 cartuchos para fuzis; 2.000 cartuchos de FM; 1 forquilha de FM; 2 ganchos executores de FM; 8.180 cartuchos para pistola; 230 porta-fuzis; 70 cinturões; 4 culotes; 1 capote; 12 mantas.

O armazém principal de abastecimento da cidade de G... foi assaltado nas seguintes circunstâncias: vários indivíduos mascarados, em número de seis a oito, penetraram nos armazéns, revólver em punho; obrigaram o pessoal encarregado do fichário dos bônus de racionamento, e o diretor do serviço, a reunir-se no recinto do público, enquanto outros indivíduos se apoderavam dos fichários e despejavam o conteúdo dentro de umas sacolas.

A operação durou cerca de dez minutos e, tendo-se produzido nesse lapso uma interrupção na corrente elétrica, ninguém pôde reconhecer os autores da agressão. Por outro lado, estes haviam cortado os fios telefônicos à sua chegada, e avisaram o pessoal que seria inútil tentar sair antes que passassem cinco minutos, estando todas as entradas dos armazéns vigiadas até que eles fugissem.

O pessoal obedeceu a essa ordem.

Disponível em: <http://www.sites.uol.com.br/adluna>.
Acesso em: 6 maio 2002.

Querida mamãe: De todas as pessoas que conheço, a senhora é a única que vai sentir mais, por isso meus últimos pensamentos são para a senhora. Não culpe ninguém mais por minha morte, porque eu mesmo escolhi minha sorte.

Ao lhe escrever, [...] mesmo tendo a cabeça clara, não consigo encontrar as palavras certas. Assumi meu lugar no Exército de Libertação, e morro quando a luz da vitória já começa a brilhar. [...] Vou ser fuzilado daqui a pouco com 23 outros camaradas.

Depois da guerra a senhora deve exigir seus direitos a uma pensão. Eles lhe entregarão minhas coisas na prisão, só que estou ficando com o colete do papai, porque não quero que o frio me faça tremer. [...]

Mais uma vez, digo adeus. Coragem!

Seu filho, Spartaco.

Spartaco Fontanot,
metalúrgico, 22 anos,
membro do grupo resistente de
Misak Manouchian, 1944.

HOBSBAWM, E. J. *Era dos Extremos* – O Breve Século XX (1914-1991). São Paulo: Cia. das Letras, 1995.

3

O Terrorismo de Estado

Primeiro levaram os comunistas,
Mas eu não me importei com isso,
Eu não sou comunista.

Em seguida levaram alguns operários,
Mas eu não me importei com isso,
Eu também não era operário.

Depois prenderam os sindicalistas,
Mas eu não me importei com isso,
Eu não sou sindicalista.

Depois agarraram os sacerdotes,
Mas, como eu não sou religioso,
Também não me importei.

Agora estão me levando,
Mas já é tarde.

Bertolt Brecht, *A Indiferença.*

No século XX, uma forma de terrorismo patrocinada pelo Estado, ou o **terror de Estado**, difundiu-se pelo mundo. Em nome de uma ideologia, de interesses dos dirigentes, houve a eliminação em massa de opositores e simpatizantes do regime, bem como de todos aqueles que, por algum motivo, não eram vistos com simpatia pelos governantes, inclusive as minorias étnicas.

O Estado também pode praticar atos terroristas. Isso acontece por meio de suas polícias secretas e grupos paramilitares, como forma de se fortalecer, justificando, assim, perante a opinião pública, a necessidade do reforço do aparelho policial.

No século XX, diferentes Estados promoveram essa ação política, matando milhões de pessoas. Alguns exemplos de terrorismo de Estado foram os cometidos pela URSS, de Stálin; pelo Holocausto, dos nazistas; pela Revolução Cultural, da China; e pela repressão no Camboja, de Pol Pot.

A União Soviética de Iossef Stálin

A Revolução Russa de 1917 pôs fim ao regime imperial russo com características feudais. Nessa grande virada foi implantado o socialismo, na primeira fase comandado por Lênin, que morreu em janeiro de 1924. Com a sua morte, um triunvirato (Kamenev, Zinoiev e Stálin) assumiu o poder. Iossef Stálin era o mais poderoso, pois era o secretário-geral do Partido Comunista, sendo responsável por sua administração e pela filiação e exclusão de seus membros.

Iossef Stálin governou a URSS com mãos de ferro, incentivando o culto a sua personalidade e perseguindo, prendendo, deportando e eliminando fisicamente qualquer um que fosse considerado suspeito de "inimigo do regime".

Como o Partido era a instituição que realmente dirigia a URSS, quem tinha o poder de controlá-lo, principalmente vetando a inclusão ou pedindo o desligamento de qualquer indivíduo, obviamente seria o dirigente mais poderoso. Stálin foi concentrando cada vez mais poder, até tê-lo integralmente, dizimando, para isso, seus opositores.

O Estado soviético, ainda na década de 1920, passou a ter como política enviar aos campos de concentração as pessoas que, de alguma forma, faziam oposição ao governo. Foram centenas de milhares, sem contar os milhões de camponeses executados durante o processo de coletivização das terras em *kolzhozes* e *sovkozes* (momento em que desaparecia a propriedade privada e as terras passaram a ser coletivas), entre 1929 e 1932.

Com essas medidas, o governo esperava acabar com a tradição agrícola arcaica, modernizando a agricultura e, assim, aumentar a produtividade das terras. Porém, a socialização dos bens de produção e a coletivização das terras trouxeram grandes problemas para os quase cem milhões de camponeses que viviam em aproximadamente 25 milhões de pequenas propriedades. O resultado dessa política imposta de cima para baixo não foi o esperado pelo governo, pois essa grande massa rural não aceitou as novas medidas, oferecendo uma imensa resistência, matando mais da metade do rebanho existente, inutilizando ferramentas e, em algumas áreas, insurgindo-se contra as determinações governamentais.

Os moradores das áreas rurais soviéticas foram obrigados, em poucos anos, a deixar a estrutura feudal para a coletivização das terras. A resposta do campesinato às mudanças impostas pelos burocratas não foi favorável como os dirigentes do PC soviético imaginavam.

A reação de Stálin foi imediata e exemplar: para que as determinações fossem cumpridas, mobilizaram-se forças, inclusive militares, e houve prisões e deportação de milhões de *kulaks* (camponeses) para os campos siberianos, uma região fria e inóspita no norte da Rússia, condenados a trabalhos forçados.

Na ânsia de aumentar seu poder, Stálin aproveitou-se de uma situação internacional para aumentar sua influência dentro do Partido: com o crescimento do poderio alemão e japonês no Pacífico, antes de 1939, o ditador apregoava que a URSS estava em iminente perigo, pois poderia ser atacada pelas forças reacionárias alemãs e japonesas. Conclamava a que todos se unissem em torno da sua liderança, pois a "Pátria socialista estava em perigo". Esse apelo nacionalista projetou-lhe ainda mais a figura de grande líder, defensor do povo soviético. Sob essa óptica, quem não estivesse com ele estaria contra ele.

Com a situação internacional "a seu favor", Stálin percebeu que os velhos revolucionários – a Velha Guarda –, mais preparados intelectualmente e com um grau maior de comprometimento ideológico com as ideias socialistas, estavam insatisfeitos com suas diretrizes e ações, até cobrando maior preocupação doutrinária. Diante desse quadro, Stálin antecipou-se ao que poderia ser um forte movimento oposicionista e desencadeou um grande expurgo dentro do Partido, principalmente dos membros da Velha Guarda.

O pretexto para o verdadeiro terror que se estabeleceu na URSS foi o assassinato de Kirov, homem de confiança de Stálin, na cidade de Leningrado (hoje São Petersburgo). O ditador, enfurecido, usou esse acontecimento como desculpa para mandar eliminar (literalmente) toda a oposição ao seu governo (e também à sua pessoa). Milhares de militantes foram acusados de fascistas e de inimigos do povo, sendo obrigados a fazer confissões públicas que os desmoralizavam, degradando sua imagem perante a população. Ao mesmo tempo, os seguidores de Stálin, reforçando o culto à sua personalidade, proclamavam-no o único e verdadeiro seguidor de Lênin, sendo, portanto, quem poderia manter a pureza revolucionária socialista vivida nos anos que se seguiram à Revolução.

Chefiando essa "limpeza" estava Yezov, chefe da temível Polícia Secreta (NKVD). Milhões de processos foram abertos contra militantes e filiados do PC soviético, em especial contra os teóricos e ativistas da Revolução de 1917 que implantou o socialismo no país. Como em outros momentos da História, o chefe que desencadeou a repressão também sucumbiu à onda de massacre, tendo sido morto em 1938, quando foi substituído por Bária no comando da repressão aos opositores de Stálin. Nesse período – Era do Terror –, delações, prisões, expurgos, deportações, mortes, foram decididas sumariamente pelos tribunais de exceção criados para "julgar" os considerados opositores ao idealismo e à pureza revolucionária. Nessa categoria tão vasta e imprecisa, qualquer cidadão podia ser incluído.

O culto à personalidade de Stálin o fez símbolo do rogimc.

Entre 1936 e 1938, em menos de dois anos, aconteceram mais de 85% das condenações à morte pronunciadas durante todo o período stalinista. No total, 13,5 milhões de pessoas foram executadas.

Depois de 1945, com o fim da Segunda Guerra Mundial, a repressão do Estado retornou de forma intensa. Desta vez, o Estado, em virtude da anexação de territórios durante a Guerra, voltou-se contra os nacionalistas e "povos inimigos", em especial contra as minorias étnicas. Deportações em massa voltaram a integrar o cotidiano da vida soviética.

Stálin morreu em 1953 e foi substituído por Nikita Krushev que, ao assumir o cargo de secretário-geral, denunciou e condenou o culto à personalidade de Stálin (e ao stalinismo), pondo fim a essa era marcada pelo terror e pelas perseguições.

"A mobilização das forças citadinas", escrevia, em 20 de julho de 1933, o cônsul italiano de Kharkov, "tomou proporções enormes (...). Esta semana, 20 mil pessoas foram enviadas diariamente para o campo (...). Anteontem, cercaram o mercado, prenderam todos os homens válidos, mulheres, adolescentes e levaram-nos para a estação, escoltados pela GPU, e mandaram-nos para o campo."

A chegada maciça desses habitantes da cidade no campo, onde havia fome, criou novas tensões. Os camponeses incendiavam as barracas dos "mobilizados", avisados para não se aventurar por aldeias "povoadas por canibais".

Graças às boas condições meteorológicas, à mobilização da mão de obra citadina, ao instinto de sobrevivência dos fugitivos que, para não morrer de fome, trabalhavam em terras que não lhes pertenciam, as regiões atingidas pela fome de 1932-33 deram, no outono de 1933, uma boa colheita.

Um dos métodos mais drásticos contra os cossacos (camponeses que, sob o czarismo, tinham sido privilegiados) era destruir suas aldeias e deportar os sobreviventes. O arquivo de Sergo Ordjonikidze, um dos principais dirigentes bolcheviques, na época presidente do Comitê Revolucionário do Norte do Cáucaso, conserva documentos de uma dessas operações que se desenvolveram do fim de outubro até meados de novembro de 1920.

Um relatório endereçado a Ordjonikidze assim descrevia o desenrolar das operações: "Kalinóvskaia, aldeia inteiramente queimada, toda a população (4.220) deportada ou expulsa. Ennolóvskaia: todos os habitantes (3.218) retirados. Romanóvskaia: 1.600 deportados; ainda é necessário deportar 1.661. Sámatchinskaia: 1.018 deportados; 1.900 por deportar. Milhailóvskaia: 600 deportados; 2.200 por deportar. Além disso, 154 vagões com alimentos confiscados foram enviados para Groznyi (na Chechênia). Nas três aldeias onde a deportação ainda não terminou, entre os que ainda não foram deportados figuram simpatizantes do regime soviético, famílias de soldados do Exército Vermelho, funcionários e comunistas. A operação de deportação se atrasou por falta de vagões. Estamos recebendo um único vagão por dia, em média. Para terminar as operações de deportação, pedimos com urgência 306 vagões suplementares".

COURTOIS, S. *et al. The Black Book of Communism: Crimes, Terror, Repression.* EUA: Harvard, 1999.

O Holocausto Nazista

Política é a arma do terror. A crueldade gera respeito. Podem odiar-nos, se quiserem. Não queremos que nos amem. Queremos que nos temam.

Himmler, oficial graduado da SS. Discurso para oficiais da SS, em Kharkov, a 19 de abril de 1943.

Não importa onde estamos lutando; não importa contra quem estamos lutando. Mataremos quem tivermos de matar no interesse de nosso país, e tirar a vida de um homem não significará mais que tirar a vida de um boi... Só com esta filosofia poderemos trilhar com confiança o caminho da vitória.

Himmler. Em uma palestra para a Divisão de Negócios Exteriores da SS. *Disponível em:* <http://www.comunismo.com.br>. *Acesso em:* 14 jun. 2002.

Eu não gostaria de ser judeu na Alemanha.

H. Goering, 12 de novembro de 1938. Oficial do *staff* de Hitler.

A Primeira Guerra Mundial terminou com a derrota incondicional da Alemanha, e o tratado de paz que se seguiu tirou-lhe territórios, limitou o seu exército e obrigou-a a pagar pesadas indenizações aos vencedores. Essas atitudes geraram grande mal-estar no povo alemão que, além de derrotado, sentia-se humilhado com as sanções impostas. Nesse contexto surgiu Adolf Hitler, com um discurso nacionalista, ressaltando o quanto a Alemanha tinha sido oprimida pelos vencedores, exaltando a superioridade (racial) dos arianos e condenando judeus e comunistas pelo infortúnio alemão dos anos de 1920 a 1930.

O poderio militar alemão foi treinado (e doutrinado) para dominar o continente europeu, para elevar a Alemanha à condição de líder supremo do planeta.

As palavras de Hitler tiveram grande repercussão na população germânica: em 1934 Hitler já governava sozinho a Alemanha, e o seu partido, o Nacional Socialista, tornou-se partido único, arrebanhando cada vez mais adeptos.

Hitler sonhava com "a grande Alemanha", uma superpotência mundial. Para que isso ocorresse, era necessário reestruturar e reaparelhar o exército alemão, contrariando o Tratado de Versalhes, que selou o armistício, que a impedia de se rearmar. Pretendia expandir seus territórios em busca de terras para serem cultivadas e matérias-primas. O primeiro território a ser anexado foi o da Áustria, ainda no ano de 1938, seguido pelo da Tchecoslováquia e Polônia. Quando esta última foi invadida, França e Inglaterra declararam guerra aos alemães e, em 1939, tinha início a Segunda Guerra Mundial, que só terminaria depois de seis longos anos, provocando a morte de mais de 50 milhões de pessoas, entre elas as minorias perseguidas por Hitler, como judeus, ciganos, negros, homossexuais, além de comunistas e socialistas.

Adolf Hitler, o *Führer*, disseminou o antissemitismo, pregando haver uma conspiração judaica internacional para tomar o poder, estando os judeus, muitas vezes, travestidos de liberais e democratas; outras vezes, como socialistas e comunistas. Diante de tal "ameaça", eles deveriam ser eliminados, pois, segundo o Führer, estava em jogo o futuro da humanidade e, por isso, "a guerra não terminará como os judeus imaginam, especialmente com o extermínio do povo ariano europeu. O resultado desta guerra será a destruição dos judeus".

Com a invasão da Polônia, a perseguição nazista aos judeus tornou-se "oficial" e intensificou-se uma política agressiva de segregação em relação a eles, que se estenderia por toda a Europa sob domínio nazista. Na Polônia, a colônia judaica era numerosa, com mais de três milhões e meio de pessoas. Os alemães confinaram os judeus em guetos e os obrigaram a usar uma estrela amarela (estrela de Davi) em suas roupas para que fossem identificados. Dessa forma, "evitavam" que a sociedade em geral fosse contaminada pelo convívio com os judeus.

Os judeus tinham de mostrar a insígnia da estrela de Davi para que fossem facilmente identificados pelos membros "puros" da sociedade alemã.

O primeiro gueto foi estabelecido em Lodz, segunda maior cidade da Polônia, no início de 1940, e abrigou entre cento e sessenta mil e duzentas mil pessoas, em uma área de 3,2 quilômetros quadrados. O maior gueto foi o de Varsóvia, que contava com cerca de quinhentos mil judeus. As condições de vida nos guetos eram muito ruins, com racionamento de comida e de remédios; as pessoas vivendo em moradias pequenas e precárias, sem o mínimo de conforto, como, por exemplo, calefação, sofrendo com as temperaturas que chegavam, no inverno, a muitos graus abaixo de zero.

A partir de 1941, a perseguição e a segregação de judeus e outras minorias tomaram rumos mais dramáticos, entrando em operação os malfadados campos de concentração, para onde eram levados os deportados das cidades. Esses campos foram construídos próximos a ferrovias, facilitando assim o transporte em massa dos prisioneiros. Assim que chegavam, os homens eram separados das mulheres. Os considerados "aptos" eram designados para os trabalhos forçados, e os mais fracos, velhos, doentes, deficientes, eram levados para serem exterminados nas câmaras de gás construídas para essa finalidade.

Os judeus foram perseguidos pelos nazistas, baseando-se na pureza étnica preconizada por Hitler. Centenas de milhares pereceram nos campos de concentração.

A condição de vida nos campos era sub-humana, uma verdadeira barbárie – maus-tratos, parca alimentação, doenças epidêmicas que se alastravam, más condições de higiene, torturas, humilhações, entre outras atrocidades. Além disso, a atmosfera era de medo e terror, pois os prisioneiros sabiam que, de uma hora para outra, poderiam ser chamados para "tomarem banhos coletivos": os judeus eram levados a locais hermeticamente fechados onde canos aparentes soltavam gases venenosos, matando a todos. Aqueles que eram chamados nunca mais voltavam.

No complexo de Auschwitz, no sul da Polônia, foi erguido o maior campo de concentração nazista, onde se estima que tenham morrido cerca de 1,4 milhão de pessoas, sendo, na maioria das vezes, cremados. Desse total, 1,28 milhão era de judeus, 150 mil poloneses, 23 mil ciganos e 15 mil soviéticos, e o restante de outras minorias ou perseguidos políticos. Em janeiro de 1945, os prisioneiros desse campo foram libertados pelo exército soviético, porém, alguns dias antes, os alemães responsáveis pelo campo, percebendo que o avanço das tropas russas era irreversível, destruíram as instalações de extermínio e os documentos que provavam o genocídio. Os soviéticos libertaram aproximadamente 7 mil prisioneiros e conseguiram recuperar alguns documentos, além de centenas de milhares de roupas masculinas e femininas, sapatos e toneladas de restos de cabelos usados como enchimentos para colchões e travesseiros.

Estima-se que, na Segunda Guerra Mundial, cerca de seis milhões de judeus foram mortos pelos nazistas nos campos de concentração. Centenas de milhares de ciganos, além de pessoas de outras minorias, também foram exterminados.

Eugenia: a política da morte do Nazismo

As duas faces da eugenia: o massacre de grande parte da população judaica da Europa, perpetrado pelos nazistas entre 1941-45, ocultou o fato de que a política de extermínio adotada por aquele regime não se circunscreveu à perseguição antissemita. Foi muito mais ampla do que se supõe. Tratava-se de um vastíssimo plano de eugenia que englobava outros setores sociais, cujas vidas os nazistas consideravam "indignas de serem vividas". Mas a política da eugenia tinha as suas ambiguidades. Ao mesmo tempo que se praticava a esterilização, a eutanásia e o genocídio, por outro estimulava-se a proliferação da "raça superior", concedendo aos homens selecionados o direito de acasalar-se com várias mulheres, desde que elas fossem de origem ariana. Quando os soldados alemães ocuparam os países vizinhos, essa prática foi estimulada para que novos seres arianos viessem ao mundo para poderem substituir as baixas de guerra que a Alemanha estava sofrendo.

As crianças nascidas nessas circunstâncias seriam criadas em orfanatos especiais, sob orientação e supervisão do estado nazista. Nenhum regime político até então havia se inspirado tão fortemente no darwinismo social e numa concepção tão radicalmente biologicista – quase zoológica – como os nazistas o fizeram entre 1933-1945. Assim, a eugenia era o pretexto para a eliminação dos indesejados e para a seleção dos escolhidos.

A certeza científica da eugenia: a política de extermínio não foi um gesto tresloucado e impensado de um bando de fanáticos que ascendera ao poder na Alemanha em 1933. A maioria dos seus agentes, médicos, laboratoristas, pesquisadores, antropólogos, legisladores e políticos, estava firmemente convicta do seu rigor científico e dos seus benefícios para a humanidade. Levaram à prática aquilo que há anos era defendido por pensadores de renome, por revistas científicas, e por doutores ilustres de ambos os lados do Atlântico. Todas as teorias de superioridade racial, de antissemitismo, de seleção da espécie, já se encontravam largamente difundidas bem antes de Hitler assumir o poder. O Führer nacional-socialista implementou o que amplos setores científicos daquela época acreditavam ser verdadeiro. Foi o primeiro pacto moderno entre a ciência e a barbárie, entre a genética e a tecnologia da morte.

Galton e a sociedade da eugenia: em 1907, após ter introduzido a cadeira de eugenia na Universidade de Londres, fundou a The English Eugenics Society, inspiradora da American Eugenics Society, surgida em 1926, e que pregava a superioridade germânica sobre os demais integrantes da raça branca. [...]

As conclusões lógicas extraídas da tese de Galton eram de que a classe dominante concentrava melhores qualidades genéticas do que as classes trabalhadoras urbanas e rurais. Os socialmente superiores eram os depositários do "tesouro genético" amealhado pela natureza através de séculos e séculos de aperfeiçoamento, aprimorado pela seleção natural dos mais aptos. Portanto, a natureza era sábia ao permitir que a regência da sociedade e dos governos fosse feita pelos biologicamente mais dotados.

Disponível em: <http://www.terra.com.br/voltaire/index_atualidade.htp>.
Acesso em: 22 maio 2002.

China: A Revolução Comunista e a Revolução Cultural

Em janeiro de 1949, o líder comunista Mao Tsé-tung chegou com seus correligionários de uma longa marcha pelo interior do país a Pequim, capital da China, e, em 1.º de outubro desse mesmo ano, proclamou a República Popular da China, introduzindo um regime socialista.

Mao Tsé-tung, chamado de o Grande Timoneiro.

Logo após a tomada do poder pelos comunistas, estabeleceu-se uma política de "reeducação" de massas: a população, prisioneiros ou não, deveria "purificar-se", libertando-se das tradições e pensamentos feudais e capitalistas que provocavam o desvio e o afastamento do pensamento do grande líder Mao Tsé-tung, chamado de o Grande Timoneiro. Iniciava-se uma verdadeira eliminação de opositores do regime ou daqueles que, por algum motivo, assim fossem considerados. Toda essa enorme repressão era em nome da causa comunista, do ideal de liberdade e fim da opressão do homem pelo homem.

Essa reeducação não foi feita pedindo-se "colaboração" à população. Ao contrário, houve grande repressão e qualquer ato considerado de insubmissão, ou assim interpretado, era punido com reuniões em que se humilhava o "culpado", normalmente seguindo-se torturas, prisão e execução, sem julgamento formal. Estima-se que cinco milhões de chineses tenham sido mortos em apenas dois anos. Nas cidades, foram alvo da "reeducação" os intelectuais, membros do governo anterior, comerciantes, empresários, militantes do Partido Comunista acusados de insubordinação, de serem reacionários, ou ainda de serem *moderados* ou *individualistas*. Os que escapavam da morte eram enviados para longínquos campos de trabalhos forçados.

No campo, o novo governo tinha como prioridade a implantação da reforma agrária, sem considerar as condições culturais e o atraso em que a maioria da população rural vivia. Para acelerar o processo estatal, mais de três milhões de pessoas acusadas de serem "proprietárias de terras" foram presas e eliminadas por estarem "atrasando" o avanço do socialismo. Na realidade, qualquer um podia ser acusado por tal "crime", bastasse ser desafeto ou ser considerado "suspeito". Isso já era o suficiente para que fosse preso ou executado, ou ainda enviado para os campos de trabalhos forçados.

No início da década de 1960, Mao foi afastado da administração direta da China, cabendo-lhe comandar a política externa do país. Descontente com a perda de poder, Mao lançou, em 1966, a Grande Revolução Cultural Proletária, conclamando a população, em especial os jovens, para que se rebelasse contra as autoridades estabelecidas que, segundo ele, "eram burocratas e pragmáticos, responsáveis pelo desvio da Revolução de seu curso original".

Insuflados pelo líder, mais de 20 milhões de jovens formaram a Guarda Vermelha para implantar uma grande reforma da superestrutura política e ideológica na China. Os jovens fanatizados saíram por toda a China determinados a promover a Revolução rapidamente, com um furor e violência inimagináveis. Esses jovens foram capazes de atrocidades que até hoje nos assustam: perseguiram, delataram, sequestraram, pilharam, humilharam, torturaram, assassinaram. Nesse período, qualquer ato, por mais insignificante que fosse, podia ser considerado contrarrevolucionário, e as punições eram as mesmas para todos os acusados de diferentes delitos. Nesse período era comum filhos delatando pais, irmãos delatando irmãos, amigos buscando qualquer deslize para "entregar" o contrarrevolucionário à Guarda Vermelha. Medo e horror tomaram conta da China durante três anos.

Os primeiros a serem perseguidos foram os professores e intelectuais, depois funcionários e dirigentes, como também aqueles que desagradavam aos membros da Guarda Vermelha por motivos conhecidos ou não. O presidente da China foi destituído, preso, torturado e morto.

Em 1969, a Guarda Vermelha agia de maneira praticamente autônoma, cometendo muitos excessos, fato que inquietou Mao. Com medo de perder o controle da situação, o ditador convocou o exército para combater (e liquidar) os membros da Guarda Vermelha, acusando-os de extremistas. De perseguidores passaram a perseguidos, e a maioria daqueles que o ajudaram na retomada do poder foi fuzilada.

Teoricamente, a Revolução Cultural estendeu-se até 1976, ano da morte do líder chinês. A viúva de Mao, Jiang Qing, tentou, juntamente com mais três companheiros da ala mais radical do Partido, tomar o poder, sendo chamados de "Camarilha dos Quatro". O golpe não deu certo e eles foram presos, condenados à prisão perpétua, sendo acusados de responsáveis pelas atrocidades e arbitrariedades durante a Revolução Cultural. Jiang Qing suicidou-se em 1991.

Ao meio-dia... poucos de nós estavam voltando de um banho de mar, nós ouvimos gritos e tiros próximos à escola. Alguns colegas correram até nós gritando: os conflitos começaram! Os conflitos começaram! Eu corri para dentro. Na área de esportes, eu vi filas de professores, cerca de 40 ou 50, pintados com tinta preta informando que eles eram, na realidade, uma "gangue negra". Placas foram dependuradas em seus pescoços com os seguintes dizeres: "autoridades acadêmicas reacionárias", "inimigos das classes trabalhadoras", "líderes da corrupção". Em cada placa havia uma cruz vermelha, fazendo com que os professores parecessem condenados à morte esperando sua execução. [...]

O pior para mim foi ver o meu professor favorito, e pelo qual tinha o maior respeito, ser morto, Chen-Ku-teh...

Professor Chen, com mais de 60 anos de idade e sofrendo de pressão alta, foi trazido para fora às 11:30, ficando exposto no sol quente de verão por mais de duas horas, e depois foi obrigado a desfilar com outros carregando uma placa e tocando um gongo. Depois ele foi levado para o segundo andar, levando socos e apanhando com cabo de vassoura até chegar lá em cima. Alguns dos seus algozes correram para uma classe para pegar varas de bambu para continuar açoitando-o. Eu os parei e pedi: Nós não temos de fazer isso. Isso é demais!

Ele desmaiou diversas vezes, mas foi despertado com água fria jogada em sua cara. Seus pés foram cortados com vidro e espinhos. Porém, seu espírito era inquebrantável. Ele gritava: Por que vocês não me matam? Matem-me! Ele resistiu por seis horas, até que ele perdeu o controle sobre seus excrementos. Eles enfiaram um bastão no seu reto. Ele desmaiou de novo. Eles jogaram água fria novamente em sua cara, mas dessa vez era muito tarde. Os assassinos ficaram surpresos por uns momentos, provavelmente era a primeira vez que eles torturavam alguém até a morte, e foi a primeira vez que nós testemunhamos uma cena dessas. As pessoas saíram em debandada. Eles o trouxeram para fora numa prancha de madeira que os professores usavam para jogar pingue-pongue. Eles o colocaram num monte de cordas sujas usadas para ginástica e chamaram o médico da escola.

"Ateste que ele morreu por causa de sua pressão alta. Você não está autorizado a defendê-lo."

O médico examinou-o e afirmou que ele tinha morrido pelas torturas. Alguns dos presentes mediram-no de alto a baixo e começaram a bater nele. "Você quer ficar como ele?", perguntaram.

Finalmente o médico colocou no atestado de óbito: morte provocada por um repentino ataque de pressão alta.

COURTOIS, S. *et al. Op. cit.*

Camboja: A "Pureza" Ideológica de Pol Pot

Para o país que estamos construindo, basta um milhão de revolucionários. Não precisamos do resto. Preferimos abater dez amigos a conservar um inimigo.

Pol Pot

Nas décadas de 1960 e 1970, o Sudeste Asiático esteve envolvido na terrível Guerra do Vietnã, em que lutavam de um lado os vietnamitas do norte (comunistas) e, de outro, os vietnamitas do sul (capitalistas), apoiados por tropas e armas norte-americanas.

O vizinho Camboja, em 1970, foi envolvido na guerra após o bombardeio – ordenado pelo então presidente norte-americano Richard Nixon – da famosa trilha Ho Chi Minh, que atravessava o Laos e o Camboja, sob o pretexto que por lá era feito o abastecimento das tropas do Vietnã do Norte, e que grupos guerrilheiros inimigos aí se escondiam. Ao mesmo tempo, Nixon apoiou um golpe que depôs o príncipe Sihanouk, que governava o Camboja e fazia questão de manter neutralidade no conflito da região.

No exílio, Sihanouk aliou-se à guerrilha de extrema-esquerda existente no país, conhecida como Khmer Vermelho, e formou um governo no exílio. O militar, que assumiu o poder pró-Estados Unidos, enfrentava problemas cada vez maiores com a guerrilha que avançava rapidamente nas zonas rurais, tomando aldeias, vilarejos, não conseguindo, entretanto, chegar às cidades.

Em 17 de abril de 1975, os guerrilheiros, liderados por Pol Pot, entraram na capital Phnom Penh, tomando-a quase sem nenhuma resistência. A população saiu às ruas para comemorar o que parecia ser o fim de uma guerra civil que durava cinco anos, iniciada com a expansão da guerra no Vietnã em território cambojano. Estava redondamente enganada, pois começou aí um dos maiores massacres de população que já se conheceu.

Adaptado de: WALLBANK, T. W. *et al. Op. cit.*

Mapa do Sudeste Asiático. Em destaque, os dois Vietnãs, Laos e Camboja, na década de 1970.

Os líderes do Khmer Vermelho pregavam a volta ao campo como forma de se construir um Estado verdadeiramente igualitário, ideologicamente puro, renegando, assim, a instrução, a educação, a industrialização e a vida urbana, sendo estas tachadas de burguesas e, portanto, inaceitáveis. As determinações dos novos governantes começaram pela capital, que abrigava na época mais da metade da população do país. O Camboja passou a ser chamado de Kampuchea Democrático.

Como o Khmer apregoava que o povo das cidades tinha sido contaminado com as ideias burguesas, houve uma separação dos habitantes que viviam no campo e os das cidades. O medo deles era de que as populações urbanas pudessem "conta-

Pol Pot.

minar" a população agrária. Para isso foi necessário colocá-los à parte, isolados em áreas que eram verdadeiros campos de concentração. Também era necessário destruir os "laços familiares burgueses". Para tal, separavam famílias inteiras, dispersando-as em diferentes campos; as crianças, antes de completarem sete anos, eram retiradas de seus pais, evitando assim que desenvolvessem sentimentos burgueses de apego à família.

Os habitantes de Phnom Penh foram expulsos e enviados para o campo, em fazendas coletivas, onde ninguém podia ter posse de algum bem ou utensílio, exceção feita a uma colher e um prato. Para evitar que houvesse privilégios, as pessoas foram proibidas de plantar para comer ou cozinhar para si próprias. Nessas fazendas (campos de trabalho forçado) praticava-se basicamente a agricultura do arroz. Os intelectuais (ou aqueles assim acusados) foram, sem dúvida, os grandes perseguidos e as maiores vítimas dos seguidores de Pol Pot. Eram acusados de serem pessoas vis e contrarrevolucionárias. Na realidade, qualquer pessoa que dominasse com desenvoltura a escrita e a leitura era considerada um inimigo do Estado. Em pouco tempo, as poucas escolas que havia no país foram destruídas, e foram executados os que frequentaram salas de aula. Os que conseguiram escapar da morte foram enviados para os campos de trabalhos forçados, onde eram submetidos a serviços braçais que exigiam grande esforço, trabalhando na irrigação ou nos campos de arroz.

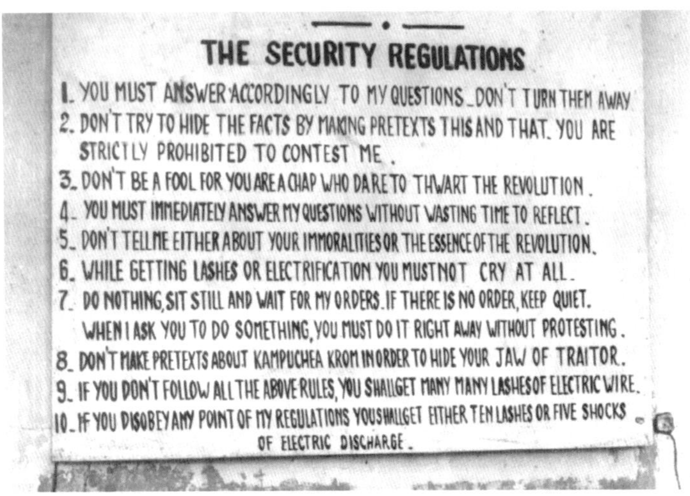

Acima, "regras" dos campos de prisioneiros. A número 6 diz: "Enquanto estiver sendo chicoteado ou recebendo choques elétricos, você não deve chorar de forma alguma".

As condições nos campos de trabalho e reeducação eram absurdamente precárias, o que provocava a morte de grande parte dos presos por inanição, malária, disenteria, febre amarela e outras doenças tropicais. A tortura estava institucionalizada, bem como a morte por qualquer deslize insignificante cometido, entre eles chorar por um parente morto, não cumprir uma ordem imediatamente, dar a impressão de não ter gostado ou de não concordar com o que estava sendo dito pelos dirigentes do campo, guardas, ou qualquer outra autoridade. A barbárie era tal que muitos morreram com pauladas na cabeça.

O regime de Pol Pot só terminou em 1979, quando tropas vietnamitas invadiram o país, depondo o ditador e seus correligionários.

Número de vítimas no Camboja (abril de 1975-janeiro de 1979)	
Execuções, mortes na prisão	de 500 mil a 1 milhão
Mortos de fome ou de doença (resultante do envio para zona insalubre sem proteção medicamentosa)	de 700 mil a 900 mil
Mortos durante a deportação ou por esgotamento no trabalho	de 100 mil a 400 mil
Total	de 1,3 milhão a 2,3 milhões (em uma população de cerca de 7,5 milhões de pessoas em 1975)

COURTOIS, S. *et al. Op. cit.*

O terror no Camboja

No Kampuchea Democrático, não havia prisões, tribunais, universidades, escolas, trabalho, dinheiro, livros, esportes e diversão. Não havia consideração 24 horas por dia. A vida cotidiana estava dividida em doze horas para o trabalho duro, duas horas para as refeições, três horas para educação e descanso, e sete horas de sono. Nós vivíamos num enorme campo de concentração. Sem justiça. O Angkar (Angkar Padevat, ou Organização Revolucionária), a semissecreta polícia do partido CPK, regulava todos os momentos da nossa vida. O Khmer Vermelho frequentemente usava parábolas para justificar suas contraditórias ações. Eles nos comparavam ao gado: "Prestem atenção como o arado é colocado em um boi. Ele come quando mandam que ele coma. Se você deixá-lo pastar no campo, ele comerá qualquer coisa. Se você colocá-lo num outro pasto com muita forragem, ele comerá sem parcimônia. Ele não é livre e é constantemente vigiado. E se você diz a ele que vai colocar o arado, ele deixa que você faça isso. Ele nunca pensa na sua mulher ou em seus filhos...".

Quando nos transferiram, vieram conosco vinte crianças pequenas, a maior parte filhas de pessoas que foram evacuadas depois de 17 de abril de 1975. Essas crianças roubaram porque estavam com muita fome. Elas foram presas e mortas de uma maneira absurdamente cruel.

Os guardas chutaram-nas até a morte.

Eles as fizeram de brinquedos vivos, amarrando seus pés, pendurando-as no telhado, balançando-as, fazendo-as parar com chutes.

Perto da prisão havia uma lagoa; os executores empurraram-nas para dentro e seguravam-nas de cabeça para baixo, e quando elas começaram a soltar bolhas, eles as levantavam e deixavam-nas com a cabeça para fora, e reiniciavam a tortura de novo.

Nós, outros prisioneiros e eu, choramos secretamente pelo fato de essas crianças estarem deixando este mundo de uma maneira tão atroz.

COURTOIS, S. *et al. Op. cit.*

Agosto de 1945: O Terror Nuclear

O Japão é um país pobre em recursos naturais, importando alimentos e matérias-primas, principalmente a partir de sua industrialização no século XIX. Por causa da necessidade de encontrar esses elementos vitais para sua economia em expansão, os japoneses adotaram uma política imperialista e expansionista no Pacífico Sul e no Extremo Oriente, invadindo (e conquistando) territórios, como a Manchúria e a China.

Em 1940, em plena Segunda Guerra Mundial, o Japão – devido a suas pretensões imperialistas de dominar o Pacífico – aliou-se à Alemanha e à Itália, já em guerra com a França e a Inglaterra. No ano seguinte, invadiu a Indochina francesa. O expansionismo japonês contrariava os interesses estratégicos e mercantis norte-americanos na região do Pacífico, podendo vir a prejudicar, por exemplo, o seu comércio.

Na tentativa de aniquilar a maior base naval e a poderosa frota norte-americana no Pacífico, fundeada no estado americano insular do Havaí, no porto de Pearl Harbor, na manhã de 7 de dezembro de 1941 o Japão atacou de surpresa esse alvo norte-americano, afundando muitos navios de guerra e provocando a morte de centenas de integrantes das forças militares norte-americanas.

Imediatamente os Estados Unidos responderam com uma declaração de guerra ao Japão, deixando, assim, sua posição de neutralidade no conflito e aliando-se à Inglaterra, URSS e França. A entrada dos Estados Unidos definiu a guerra a favor dos aliados, que terminou na Europa, em maio de 1945, com a derrota do nazismo. Porém, o Japão não se rendeu, e os conflitos só terminariam em agosto desse mesmo ano com o ataque nuclear americano.

O ano de 1945 marcou uma nova era na história da humanidade, pois pela primeira vez foi usada uma arma de altíssimo poder de destruição e de efeitos devastadores: a bomba atômica. Os Estados Unidos já haviam testado com sucesso esse recurso bélico, em seu próprio território, no deserto do Novo México.

Em julho de 1945, os líderes aliados (Iossef Stálin, da URSS, Harry Truman, presidente dos EUA, e Clement Attle, primeiro-ministro britânico) reuniram-se em Potsdam, nos arredores de Berlim, para discutir o futuro da Alemanha derrotada. O clima nesse encontro foi tenso, pois Iossef Stálin sabia do sucesso nuclear norte-americano, fato que alterava significativamente a relação de forças entre as nações vencedoras e as disputas por zonas de influência na Europa.

Os Estados Unidos continuaram avançando no Pacífico, ocupando as ilhas de Iwojima e Okinawa. Embora pressionassem para que o armistício fosse logo assinado, os obstinados japoneses, mesmo sabendo que a guerra estava perdida, não cediam. No dia 6 de agosto de 1945, os Estados Unidos lançaram uma bomba atômica sobre Hiroxima, uma das principais cidades japonesas, sem aviso prévio. O presidente Truman justificou esse ato como o intuito de apressar o fim do conflito e poupar vidas estadunidenses. Morreram dezenas de milhares de pessoas e outras milhares ficaram gravemente feridas.

Como o governo imperial japonês não se rendeu, três dias depois os Estados Unidos repetiram a dose, dessa vez bombardeando a cidade de Nagasáqui, provocando igual mortandade e destruição. Diante dessas duas hecatombes nucleares, o Japão rendeu-se incondicionalmente. As duas bombas nucleares mataram mais de 170.000 civis.

Muitos estudiosos afirmam que essas ações dos Estados Unidos foram atos de terror de Estado, na medida em que o Japão já estava vencido, sendo sua rendição uma questão de tempo. Não havia "razão militar" que justificasse essa mortandade em massa, sendo a maioria absoluta de civis. Para outros, além de um ato terrorista, os EUA vingaram-se do ataque surpresa a Pearl Harbor.

O inacreditável tornou-se realidade: duas bombas destruíram as cidades e mataram mais de 170 mil civis.

"Eu tinha apenas 7 anos e morava na zona rural de Hiroshima, num vale não muito distante da cidade. A lembrança que tenho do dia da bomba é de um barulho ensurdecedor. Não sabíamos o que tinha acontecido. Nos refugiamos em casa, e não saímos mais até o alvorecer do dia seguinte. Meu pai, junto com meus tios e dois primos, foi à cidade. Quando ele voltou ficou calado por muito tempo, e nós, meus irmãos e eu, curiosos para saber o que tinha se passado. De repente, ele chamou minha mãe e contou o que tinha visto. Nós pensávamos que ele estivesse mentindo, para colocar medo na gente. Não existia mais cidade. Todos morreram, repetia ele. Seu rosto demonstrava horror, e lágrimas vertiam em sua face. Eu nunca mais vi meu pai chorar."

Tomoko Nishida. Sobrevivente de Hiroshima.

4 O Terrorismo no Mundo Bipolarizado

O Terrorismo na Guerra Fria

Com o fim da Segunda Guerra Mundial, Estados Unidos e União Soviética emergiam como as novas potências, sendo a primeira capitalista e a segunda socialista. Com o fim do conflito, as duas nações passaram a disputar o aumento das suas áreas de influência no globo, visando à hegemonia mundial. Com essa bipolarização, quem não estava a favor do capitalismo apoiava o socialismo, e vice-versa. A URSS tinha o Leste Europeu como sua área de influência e os EUA, a Europa Ocidental e o Japão.

Em 2 de setembro de 1945 foi assinada, a bordo do navio norte-americano *Missouri*, a rendição japonesa. Eram os últimos fatos marcantes do fim da Segunda Guerra Mundial.

A URSS apoiava e financiava movimentos de esquerda em países pobres, como também os Partidos Comunistas locais na tentativa de ampliar sua área de influência. A imensa China tornou-se comunista em 1949, com o apoio russo, mas logo depois rompeu com Moscou, tomando seu próprio caminho.

Essa conjuntura internacional levou à radicalização de grupos alinhados com uma ou outra potência, desejosos (e financiados por elas) de impor sua ideologia e forma de organização econômica e social à sociedade como um todo. Assim, vivemos um período em que os grupos terroristas, em diversos países, se tornaram fortes, mesmo em economias pujantes, como na Europa Ocidental.

Na América do Sul, em especial, os Estados Unidos, com medo de que as ideias socialistas triunfassem, propagadas por grupos (muitas vezes de guerrilheiros e terroristas), apoiaram ditaduras militares de direita que usaram o terror de Estado para acabar com a "ameaça vermelha" e o possível aumento da zona de influência soviética nessa área.

O Terrorismo na Europa

Na década de 1960 surgiram diversos movimentos em muitos países ocidentais, formados basicamente por indivíduos das classes mais instruídas e das classes médias urbanas, que pretendiam a revolução social e a implantação de um Estado proletário. Dentre esses movimentos estão o IRA, na Irlanda; o ETA, na Espanha; o Baader-Meinhof, na Alemanha; e as Brigadas Vermelhas, na Itália.

Idealmente adequada para escritores de histórias de espionagem e de terror, a década de 1970 foi uma "Década de Ouro". Foi também a era mais sombria de tortura e contraterror na história do Ocidente. Foi o período mais negro até então registrado na história moderna. Período de tortura, com "esquadrões da morte" não identificados nominalmente, bandos de sequestro, assassinatos, pessoas "desaparecidas". Mas todos sabiam que os "agentes" faziam parte do exército e da polícia, das Forças Armadas, dos serviços de informação, de segurança e da polícia de espionagem que se tornavam praticamente independentes dos governos. Um período de "guerras sujas" inimagináveis.

Isso também se viu em um país de velhas e poderosas tradições de lei e procedimentos constitucionais como a Grã-Bretanha, quando os primeiros anos do conflito da Irlanda do Norte levaram a alguns sérios abusos, chamando a atenção do relatório da Anistia Internacional sobre torturas praticadas (1975).

Vejamos alguns desses grupos, muitos deles atuando até hoje.

Na Guerra Fria, a nação que não estava a favor de uma das superpotências (EUA e URSS) necessariamente estava alinhada com a outra.

IRA - Exército Republicano Irlandês

Nosso principal objetivo é construir uma Irlanda livre.
Para isso, o caminho não deve ser fácil nem difícil, mas inspirador e exultante.

Michael Collins, idealista e fundador do IRA

Adaptado de: *The Times Atlas of the World*. Family Edition – 2nd ed. London: Times Books, 1992.

O nacionalismo e as pretensões de autonomia da Irlanda do Norte em relação ao Reino Unido têm suas causas muito ligadas à opressão inglesa que dominou o país durante séculos.

A Irlanda é uma ilha situada a oeste da Grã-Bretanha, formada por uma população de origem celta e que se tornou católica no século V. No século XII, ela foi dominada por anglo-normandos. Em 1542, o rei Henrique VIII consolidou o poderio inglês na ilha, impondo o protestantismo como religião oficial, desagradando à população basicamente católica. Além disso, suas terras foram confiscadas e passaram para as mãos de ingleses, camponeses foram expulsos, além de muitos escoceses terem se instalado na porção mais setentrional, na região chamada de Ulster (hoje Irlanda do Norte), com o propósito de colonizá-la. Isso provocou a emigração em massa para as colônias na costa leste dos Estados Unidos. Em 1801, a Irlanda foi anexada ao Reino Unido.

A maneira como os ingleses trataram os irlandeses em sua própria terra e a pobreza a que foram submetidos fizeram surgir um forte nacionalismo. O século XX iniciou-se com a mobilização de irlandeses para obter sua autonomia em relação a Londres, surgindo o movimento político Sinn Fein (Nós Sozinhos), formado por católicos desejosos da independência.

Logo depois do término da Primeira Guerra Mundial, após uma série de incidentes e revoltas, a República da Irlanda (*EIRE*, em irlandês), de maioria católica, tornou-se independente, tendo como capital Dublin (*Baile Átha Cliath*, em irlandês). O norte da ilha, mais industrializado e de maioria protestante, continuou sob domínio inglês, o que acirrou ainda mais os ânimos dos católicos que queriam uma só Irlanda. Nessa época foi criado o Exército Republicano Irlandês – IRA, formado por católicos separatistas.

Na década de 1960, a minoria católica voltou a se manifestar, posicionando-se contra leis discriminatórias impostas pela maioria protestante. Em 30 de janeiro de 1972, uma manifestação pacífica católica pedindo igualdade de direitos civis entre católicos e protestantes foi reprimida com violência pelas tropas britânicas, que atiraram na multidão, provocando a morte de 13 pessoas. Esse episódio, que ficou conhecido como "Domingo Sangrento" (*Bloody Sunday*), levou à reativação do IRA, braço armado do Partido Sinn Fein, que a partir desse momento optou pela luta armada, empregando atentados e guerrilha urbana, a princípio apenas na Irlanda do Norte. Nesse mesmo ano, tentando intimidar os católicos, tropas inglesas ocuparam o Ulster, retirando sua relativa autonomia política.

O Domingo Sangrento, de 30 de janeiro de 1972, marcou a volta do IRA, o que geraria uma sangrenta guerra civil na Irlanda do Norte.

As ações terroristas do IRA, como explosão de bombas e assassinatos, tiveram resposta dos protestantes que criaram grupos paramilitares, milícias armadas – esquadrões da morte – que sequestravam, torturavam e matavam católicos.

A Irlanda vivia uma verdadeira guerra civil, com a morte de centenas de pessoas. O IRA passou a agir também em solo inglês, inclusive em Londres. A violência estendeu-se por três décadas, radicalizada por ambos os lados. O auge desse embate deu-se em 1976 com o assassinato do embaixador inglês em Dublin, por membros do IRA, o que provocou mais repressão e medidas ainda mais duras de combate ao terror.

A violência na Irlanda do Norte, entre católicos e protestantes, crescia cada vez mais, matando centenas de civis.

Na tarde de 8 de março [de 1973], a explosão de dois monumentais carros-bombas – um perto de *Trafalgar Square*, outro na frente do *Old Bailey*, o tribunal criminal central – abalou a capital inglesa, matando mais de 200. Até então, a maioria dos britânicos, apesar de cientes das lutas da Irlanda do Norte, tinha sido poupada de uma exposição direta do conflito.

Um dos últimos grandes heróis de guerra britânicos, o conde Mountbatten, da Birmânia, morreu de forma violenta em agosto de 1979. O nobre de 79 anos de idade foi abatido quando estava em férias em sua casa de campo, na costa ocidental da Irlanda. Terroristas do IRA, o Exército Republicano Irlandês, explodiram seu barco, matando instantaneamente o conde, seu neto de 14 anos e um amigo deste. "O barco estava lá e, no instante seguinte, era como se houvesse um monte de palitinhos boiando na água", descreveu uma testemunha.

Bisneto da rainha Vitória e primo da rainha Elizabeth, Mountbatten foi a vítima mais famosa do IRA em seus dez anos de guerrilha para expulsar a Grã-Bretanha da Irlanda do Norte. Ele entrara na Marinha Real aos 12 anos e servira nas duas guerras mundiais; na Segunda, comandou uma frota de contratorpedeiros, antes de liderar a reconquista da Birmânia. Após o conflito, como último vice-rei da Índia, chefiou a transição da colônia para a independência. Milhares de pessoas foram às cerimônias de seu funeral, na Abadia Westminster, as mais pomposas desde as do duque de Wellington, em 1852. A República da Irlanda manifestou pesar pela morte de Mountbatten, mas sua promessa de reprimir o terrorismo do IRA foi recebida com ceticismo por Londres. Para a Grã-Bretanha, os cidadãos da Irlanda do Norte preferiam não mexer no vespeiro.

OKRENT, D. *et al. Nosso Tempo* – A Cobertura Jornalística do Século. São Paulo: Klick Editora; Jornal da Tarde, 1995.

Nas décadas de 1980 e 1990 surgiram notícias de vinculação do IRA a outros grupos terroristas internacionais, o que causou um certo impacto entre os principais financiadores do movimento: os norte-americanos ricos descendentes de irlandeses da região de Boston. Por outro lado, pesava ao governo britânico os custos de manutenção de tropas aquarteladas em Belfast, capital da Irlanda do Norte. No fim da década de 1990, o governo inglês decidiu que não mais subvencionaria a estada das tropas na Irlanda do Norte, pressionando, assim, o início de um processo de paz, contrariando os protestantes que não aceitavam compartilhar o poder na Província com a minoria católica. Ambos os lados foram obrigados pelas circunstâncias a negociar um acordo que, ao menos, evitasse o terrorismo. Em um processo longo, chegou-se a um governo com relativa estabilidade, apesar dos radicais de ambos os lados que tentam constantemente minar o acordo de paz firmado em 1998, como, por exemplo, as marchas protestantes por bairros católicos para comemorar a data de ocupação da ilha.

ETA - Euskadi ta Askatsuna ou Pátria Basca e Liberdade

No nordeste da Espanha e sudoeste da França encontramos o País Basco, que há mais de 40 anos luta por sua autonomia política.

A origem do povo basco é desconhecida, embora se acredite que ele habite a Península Ibérica há mais de 2.000 anos. Nesses mais de vinte séculos, o povo basco conseguiu manter sua identidade cultural, permanecer com seus costumes e tradições, sendo a sua língua, o *euskara* ou *vasconço*, falada até hoje.

Adaptado de: The Times Atlas of the World. Op. cit.

Durante a ditadura fascista de Francisco Franco, na Espanha, os movimentos nacionalistas foram duramente reprimidos. O povo basco teve o uso da euskara oficialmente proibido, como também qualquer manifestação cultural. A autonomia, concedida em 1936 pelas Cortes Espanholas, foi suprimida.

Essa intensa repressão deixou marcas profundas na população basca. Houve a radicalização das propostas e das ações de um movimento nacionalista surgido em 1959, o ETA (Euskadi ta Askatsuna ou Pátria Basca e Liberdade), com tendência separatista.

O ETA é fruto de uma dissidência do Partido Nacionalista Basco de caráter socialista. Seus objetivos iniciais eram lutar pela independência da região basca na Espanha e contra o regime do ditador espanhol. Perseguidos por Franco, em

1968/69, o ETA iniciou uma série de atentados contra autoridades ligadas ao franquismo. Em 1973, em um ato de grande ousadia, uma bomba muito potente fez voar pelos ares, no centro de Madri, o carro dirigido pelo almirante Luiz Carrero Blanco, primeiro-ministro e o provável sucessor do general Franco. Mesmo usando métodos violentos, o ETA contava com grande apoio da população espanhola.

Com a redemocratização trazida pelo rei Juan Carlos, que assumiu o poder após a morte do ditador, em 1978, as Cortes Espanholas deram grande autonomia ao País Basco. Isso fez com que muitos militantes do ETA depusessem as armas, migrando para partidos políticos que foram reconhecidos oficialmente. Porém, muitos não aceitaram essa via política de luta e continuaram na luta armada, dando continuidade aos atos terroristas do ETA.

Em meados da década de 1990, o apoio da população espanhola ao ETA caiu vertiginosamente, principalmente pelo fato de os radicais do movimento não aceitarem a negociação política e optarem por manter suas ações terroristas, matando políticos, juízes e até mesmo policiais sem qualquer projeção nacional ou regional.

Um atentado muda a história!

A bomba separatista basca que matou o primeiro-ministro da Espanha, Luis Carrero Blanco, em dezembro de 1973, lançou seu carro por sobre um prédio de apartamentos, em Madri, e despedaçou os planos do octogenário general Francisco Franco. Carrero Blanco, de 70 anos, era o amigo mais íntimo do ditador, além de um dos líderes nacionalistas-direitistas na Guerra Civil Espanhola e que deveria dar continuidade ao regime. O príncipe Juan Carlos de Bourbon estava destinado a ser o chefe de Estado e o primeiro rei da Espanha desde os anos de 1930, mas Blanco manteria o poder até que o jovem monarca "amadurecesse".

Quando o caudilho escolheu o ministro do Interior e ex-chefe da polícia secreta Carlos Arias Navarro para suceder Carrero Blanco, eclodiu uma luta pelo poder entre duas facções do governo. Os pragmáticos tecnocratas, que na última década tinham orquestrado a modernização econômica do país, exigiam uma democratização limitada; o *bunker* de franquistas da velha-guarda queria manter as coisas como estavam. Navarro dispensou os tecnocratas e garantiu a continuidade da repressão política. Mas ele também afastou a poderosa hierarquia católica, que mantinha estreitos laços com os reformistas aspirantes e com Carrero Blanco. Além disso, o novo premier decepcionou a maioria dos espanhóis, cada vez mais inquietos.

O futuro da Espanha estava inequivocamente nas mãos de Juan Carlos. Nem Franco nem Navarro sabiam que o príncipe alimentava um sonho secreto de democracia muito mais efetiva que a sonhada pelos tecnocratas.

OKRENT, D. *et al. Op. cit.*

Na aldeia espanhola basca de Beasain, às últimas horas do dia 5 de junho de 1979, um jovem policial rural chamado Antonio Ramirez Galeardo e a namorada, Hortensia Gonzáles, foram mortos a tiros quando entraram no seu carro, depois de passarem o serão numa discoteca. Mortes como estas aconteciam três ou quatro por semana na Espanha, nessa altura, diferindo a deles das restantes apenas num pormenor bizarro. O corpo sem vida do homem caiu subitamente sobre o volante, pressionando a buzina. Durante vinte minutos, até chegar a ambulância, a buzina gemeu pelas ruas silenciosas. Dezenas de pessoas ficaram a olhar, mas nenhuma alma se aproximou.

Dizer que eles tinham medo, não se pode dizer que não. Claro que tinham. A intenção do terrorismo é aterrorizar, como disse Lênin. Os terroristas de Beasain, treinados nos melhores campos de guerrilha desde 1964, sabiam tudo sobre o assunto.

Não havia nada de especial ao matar este policial, em particular, e muito menos a namorada. Por acaso ele usava o uniforme apropriado.[...] se não houvesse nenhum policial por ali, o atirador teria procurado algum político ou editor em vez da polícia. O que interessava era não tanto a identidade do cadáver, mas sim o impacto no público.[...]

STERLING, C. Tradução FAIA, F. de Oliveira. *A Rede do Terror.* Portugal: Publicações Europa-América, 1981.

O "Comando Madri" do ETA, um dos mais temidos por causa da ferocidade de seus atentados, só começou a atuar de forma regular no início dos anos 80. Os ativistas do "Comando Madri", várias vezes desmantelado pela polícia, mas logo reconstituído, causaram a morte de 90 pessoas. O ano em que o grupo matou mais pessoas foi 1980, com 96 mortos. Mais da metade das vítimas do ETA é composta de militares e policiais. Calcula-se em mais de 800 as vítimas do ETA nesses 30 anos de atividade. Entre elas, 18 crianças e menores de idade, na maioria filhos de agentes das forças de segurança do Estado.

O atentado que deixou maior número de vítimas ocorreu no centro comercial Hipercor de Barcelona (noroeste da Espanha). Vinte e uma pessoas morreram e 45 ficaram feridas com a explosão de um carro-bomba, a técnica mais utilizada pelo ETA, além do tiro na nuca. Os maiores fracassos do grupo foram em 1995 nos atentados contra o atual chefe de governo, José María Aznar, em Madri, e contra o rei Juan Carlos, em Palma de Mallorca.

Disponível em: <http://www.terra.com.br/almanaque>.
Acesso em: 22 maio 2002.

Os fatos que marcaram a história do ETA:

- **1959** – O Euskadi ta Askatasuna (ETA – Pátria Basca e Liberdade) é fundado durante a ditadura de Francisco Franco para lutar pela independência do País Basco.
- **1968** – O primeiro ato terrorista do ETA matou o chefe de polícia de San Sebastian, capital do País Basco.
- **1973** – O primeiro-ministro Luis Carrero Blanco é morto na explosão de um carro-bomba, em Madri.
- **1980** – O ETA intensifica os atos terroristas, matando centenas de pessoas.
- **1995** – O líder do Partido Popular (PP), José María Aznar, eleito primeiro-ministro, salva-se de um atentado graças à blindagem de seu carro.
- **1997** – Assassinatos de políticos e de policiais com influência local, e até mesmo de policiais sem nenhuma expressão.
- **1997** – Uma manifestação na Plaza del Sol, no centro de Madri, reúne mais de 1 milhão de pessoas em repúdio às ações do ETA, que matou policiais, vereadores, prefeitos etc. Como disse uma testemunha, "mataram meu

cunhado que apoiava a independência do País Basco, mas ele foi 'escolhido' porque estava de uniforme, cumprindo seu dever".

Os atentados do ETA feriram tanto civis como policiais.

- **Setembro de 1998** – O ETA anuncia trégua unilateral.
- **Novembro de 1999** – O ETA diz que a trégua terminará em 3 de dezembro desse ano.
- **Dezembro de 1999** – Um grande carregamento de explosivos com destino a Madri foi interceptado pelas autoridades policiais.
- **2000** – O ETA matou 23 pessoas durante esse ano, entre elas o presidente da Seção Militar da Suprema Corte, general José Francisco Guerol, e o ex-ministro socialista da Saúde e Defesa do Consumidor, Ernest Lhuch, este último assassinado em Barcelona. Por Lhuch ser considerado um elemento pró-independência basca, sua morte gerou grande indignação: mais de 1milhão de pessoas se reuniram em Barcelona para protestar contra a morte do ex-ministro.
- **Fevereiro de 2001** – É preso, na França, Francisco Xabier Garcia Gastelú, o *Txapote.* Acredita-se que o detido seja um dos principais líderes do ETA. O braço político do ETA, o radical Euskal, foi derrotado nas eleições para o Parlamento do País Basco, perdendo 50% das cadeiras que possuía, dando lugar a políticos mais moderados do Partido Nacionalista Basco.

A população espanhola, depois de décadas apoiando o ETA, uniu-se em grandes manifestações para demonstrar repúdio às suas ações terroristas.

As Brigadas Vermelhas

O terrorismo assenta, pois, no recurso sistemático à violência como forma de intimidação da comunidade no seu todo. No entanto, a prática do "terror" pode visar finalidades políticas muito distintas: a subversão do sistema político (como sucedeu com as Brigadas Vermelhas na Itália ou com o Baader-Meinhof na Alemanha), a destruição de movimentos cívicos ou democráticos (como sucedeu com a Aliança Anticomunista da Argentina e, em certa medida, com os Esquadrões da Morte brasileiros), o separatismo (como sucede com o ETA) ou a afirmação de convicções religiosas (como sucede com alguns movimentos fundamentalistas).

HOBSBAWM, E. J. *Op. cit.*

Em 1969 surgiram as Brigadas Vermelhas (*Brigate Rosse*), de orientação leninista, que pretendiam debilitar o Estado italiano pela luta armada e preparar uma sublevação, abrindo caminho para se atingir um Estado proletário, além de retirar a Itália da OTAN (Organização do Tratado do Atlântico Norte). O ideólogo e fundador desse grupo foi um estudante universitário, Renato Curcio, que se aliou em Milão a outros extremistas de esquerda. Seu primeiro ato terrorista aconteceu em 1970, ao detonar, em Milão, bombas de grande potência em antigas fábricas desativadas. Em 1974, os *brigatisti* passaram a realizar também sequestros e, em 1976, assassinatos por motivos políticos.

Em 1978, as Brigadas Vermelhas fizeram seu mais espetacular e contundente ato ao sequestrarem e depois assassinarem o líder da Democracia Cristã, o ex-primeiro-ministro Aldo Moro, apesar dos apelos da comunidade internacional e do papa para que ele fosse poupado. A polícia italiana desenvolveu uma grande campanha repressiva para dar cabo às Brigadas.

Na década de 1980, a maioria dos líderes estava presa e o movimento foi perdendo força.

Para espanto de todos, vez ou outra acontecem ações terroristas na Itália, como em 2002, quando um assessor do Ministério do Trabalho foi morto e o atentado reivindicado pelas Brigadas Vermelhas.

Aldo Moro.

O suplício de Aldo Moro provou que em política o centro nem sempre é o lugar mais seguro. Líder do Partido Democrata-Cristão, governista, primeiro-ministro da Itália por cinco vezes e um dos favoritos para a Presidência, Moro foi sequestrado em Roma, em março de 1978, por membros do grupo ultraesquerdista, Brigadas Vermelhas, que metralharam seus cinco guarda-costas. Os terroristas exigiam a liberdade de 13 líderes presos.

Criadas por estudantes radicais em 1970, as Brigadas tinham algumas centenas de membros, mas milhares de simpatizantes. Desde 1971, já tinham sequestrado mais de 30 "funcionários da contrarrevolução", assassinado mais de 40 pessoas e mutilado muitas outras, atirando em suas rótulas. Moro (...) personificava a ordem que os terroristas tanto desprezavam. Brando, conhecido por suas frases obscuras e embaralhadas, ele vinha tentando orquestrar a primeira coalizão governamental a incluir os comunistas, o segundo maior partido da Itália. As Brigadas qualificavam essa aproximação de traição comunista.

Durante 54 dias, a polícia vasculhou a Itália em busca de Moro e de seus captores. O político enviou uma dezena de cartas a colegas e à família, em que pedia a libertação dos presos políticos e acusava as autoridades italianas de indiferença para com seu sofrimento. Mas o governo manteve-se irredutível e os apelos feitos aos sequestradores – pelo papa, por Yasser Arafat, por Muamar Kadafi e pelo secretário-geral da ONU, Kurt Waldheim – foram ignorados. Finalmente, o corpo de Moro, brutalmente perfurado a bala, foi encontrado num carro estacionado próximo às sedes dos partidos Democrata-Cristão e Comunista. Vinte e nove brigadistas foram condenados a até 15 anos de prisão pelo assassinato; outros 17 foram absolvidos.

OKRENT, D. *et al. Op. cit.*

Para evitar qualquer tipo de reação ou tentativa de resgate, alguns *brigatisti* ficavam enjaulados durante o seu julgamento.

Baader-Meinhof

Na Alemanha, em 1968, surgiu um movimento de extrema-esquerda *Rote Armee Fraktion* (Facção do Exército Vermelho) que ficou mais conhecido como Baader-Meinhof, o sobrenome de dois de seus fundadores: Andreas Baader, Gudrun Ensslin e Ulrike Meinhof. Esse grupo, formado por intelectuais e estudantes, desejava a subversão do sistema político alemão e era contra o imperialismo americano.

Nos anos de 1970, o grupo praticou uma série de ataques terroristas na Alemanha (RFA) e reivindicou o assassinato, em 1990, de Detlev Rohwedder, a autoridade alemã responsável pela venda pública das companhias estatais da antiga Alemanha Oriental (RDA).

> Em fevereiro [de 1975], o grupo Baader-Meinhof, uma facção do Exército Vermelho alemão ocidental, sequestrou um político e conseguiu que dois companheiros presos ganhassem salvo-conduto para o Oriente Médio. Em abril, eles fizeram reféns na embaixada da Alemanha, em Estocolmo, e exigiram a libertação de 26 camaradas. Morreram dois diplomatas e os terroristas foram capturados. Os julgamentos de Andreas Baader, Ulrike Meinhof e outros líderes começaram em maio e terminaram com os suicídios de Meinhof, em 1976, e Baader um ano depois.
>
> OKRENT, D. *et al. Op. cit.*

> [...] Outro feito espetacular no qual a ação da inteligência foi fundamental ocorreu em Uganda, em junho de 1976, quando comandos israelenses desembarcaram no aeroporto de Entebbe para resgatar mais de 100 passageiros, a maioria judeus, de um voo sequestrado da Air France por terroristas da FPLP (Frente Popular de Libertação da Palestina) e do Baader-Meinhof alemão. O aeroporto de Entebbe havia sido construído por uma empresa israelense, a Solel Boneh, que tinha cópia da planta. Os comandos treinaram numa réplica de madeira de Entebbe em Israel. O desembarque em Uganda contou inclusive com um soldado da estatura do ditador ugandense

Idi Amin, devidamente pintado de negro, a bordo de uma limusine Mercedes-Benz idêntica à que Amin possuía e que fora tomada "emprestada" de um colecionador israelense. Apenas três minutos depois do desembarque, quatro dos sete terroristas que guardavam a ala onde estavam os reféns no aeroporto foram liquidados. Em 99 minutos de operação, todos os terroristas foram mortos, enquanto os soldados ugandenses fugiam da área. Os comandos ainda destruíram 11 MiGs da Força Aérea de Uganda que estavam na pista. Foram resgatados 106 reféns, registrando-se três mortes, incluindo-se a de um dos comandantes da operação, o capitão Yoni Netanyahu, irmão do ex-primeiro-ministro Benjamin Netanyahu.

CHIMANOVITCH, M. O Braço Invisível. *IstoÉ*. São Paulo: Ed. Três, n. 1673, 24 out. 2001.

Em uma ação espetacular, digna dos melhores filmes de ação de Hollywood, o exército israelense pôs fim ao sequestro aéreo praticado em conjunto pelo Baader-Meinhof e a FPLP (Frente Popular de Libertação da Palestina).

O Terrorismo na América Latina

É o meu destino: hoje devo morrer!
Mas não, a força de vontade pode superar tudo!
há obstáculos, eu reconheço!
não quero sair....
Se tenho que morrer será nesta caverna (...).
Morrer, sim, mas crivado de balas, destroçado pelas baionetas
Uma recordação mais duradoura do que meu nome
É lutar, morrer lutando.

Ernesto Guevara de la Serna, janeiro de 1947.

A Guerra Fria e a bipolarização do mundo tiveram grandes reflexos nos países da América Latina e África, na medida em que as duas superpotências disputavam o aumento de suas áreas de influência e, em última instância, a hegemonia mundial. Ambas apoiaram movimentos armados que serviam aos seus interesses mais imediatos.

A América Latina tornou-se um reduto da influência norte-americana, sendo defendida pelos Estados Unidos com seu apoio político, militar e econômico, perante a ameaça do crescimento do comunismo que, caso se concretizasse, favoreceria a arquirrival URSS.

Nos fins dos anos de 1950, a América Latina era formada por países de população rural dominados pelas oligarquias agrárias, com industrialização incipiente, com exceção de Brasil e Argentina, que já tinham um parque industrial considerável e em franca expansão.

A Revolução Cubana

Em 1959, a ilha de Cuba, governada por Fulgêncio Batista, era um local em que reinava a corrupção e a economia era dominada pelos interesses norte-americanos. Nesse ano, Fidel Castro e mais alguns companheiros iniciaram um movimento armado pela deposição do ditador. Entre os guerrilheiros encontrava-se "Che" Guevara, um médico argentino com grande carisma e liderança. O pequeno grupo guerrilheiro (não mais que 300 homens), contando com a simpatia e o apoio da população, conseguiu tomar a capital da pequena ilha, Havana, depondo e expulsando Batista.

Os vencedores, liderados por Fidel Castro, implantaram uma série de reformas, até mesmo nacionalizando empresas norte-americanas e seus bens, como cassinos e hotéis, o que desagradou profundamente à superpotência vizinha. Os Estados Unidos, irritados com as ações do comandante que tomara o poder em Cuba, tentaram depô-lo, em 1961, com a fracassada invasão da Baía dos Porcos. Além disso, decretaram um embargo econômico e diplomático, isolando a ilha. Fidel aproximou-se da URSS, que logo se dispôs a ajudar o governo cubano, não só pela posição estratégica que a ilha tem, situada a pouco mais de cem quilômetros do Estado da Flórida, mas também como forma de aumentar sua área de influência. Cuba tornou-se socialista, sendo praticamente mantida pelos soviéticos.

Fidel Castro.

Adaptado de: The Times Atlas of the World. Op. cit.

Mapa da América do Norte e América Central. Em destaque, EUA e Cuba.

O açúcar – o mais importante produto de Cuba e sua principal fonte de renda – era comprado pela URSS por um preço três vezes superior ao da cotação internacional e o petróleo soviético era vendido a eles por preços especiais. Além disso, a União Soviética enviava armamentos para os cubanos para que eles pudessem se defender contra um provável ataque norte-americano.

A Revolução Cubana e seus ideais tiveram grande repercussão entre os intelectuais, os estudantes de esquerda da América Latina e demais admiradores (e seguidores) de Marx e Lênin.

O governo cubano (com o apoio de Moscou) passou a incitar a insurreição continental como forma de levantar as massas para que houvesse uma revolução latino-americana, que derrubaria os governos e implantaria a ordem socialista, crian-

O argentino Ernesto "Che" Guevara.

do, para isso, "dois, três, muitos Vietnãs", como bradava o principal defensor dessa ideia, Ernesto "Che" Guevara. Segundo ele, a situação de miséria e de exploração capitalista da população latino-americana criava as condições ideais para o despertar das massas. Para isso, seria necessário treinar pequenos grupos armados (guerrilheiros) e formar *focos de luta* que, em pouco tempo, conquistariam o campesinato – em um primeiro momento em locais onde as condições naturais favorecessem a defesa e, em um segundo, espalhando a luta armada pelo campo. Contariam também com o apoio do proletariado urbano, implantando governos populares e acabando com o imperialismo norte-americano nesses locais. Cuba passava a "exportar" a sua revolução, treinando os "companheiros" de diversas nações para que pudessem lutar em seus países de origem.

Os Estados Unidos, temerosos de que as nações sob sua área de influência seguissem o modelo cubano e a consequente expansão do socialismo, ameaçando sua hegemonia na região, passaram a financiar e apoiar grupos alinhados com sua ideologia. Muitas vezes esse apoio deu-se em termos militares com o treinamento de grupos, principalmente do exército, em técnicas antiguerrilha e ações para a repressão, incluindo técnicas de tortura.

Os EUA aliaram-se às oligarquias dominantes latino-americanas, visceralmente anticomunistas, na medida em que as mudanças sociais ameaçavam seu poder e privilégios. Para tal, foi fundamental a intervenção das Forças Armadas desses países que, naquele momento, organizavam-se em torno do sentimento de "que lhes cabia o papel histórico de construtores da Nação". Simultaneamente a esse movimento interno nas forças militares, o ciclo de governos civis nitidamente populistas apresentava sinais de esgotamento, abrindo um certo vazio "político", permitindo que lideranças de outras correntes surgissem.

Dessa forma, nas décadas de 1960, 1970 e 1980, boa parte dos países latino-americanos, em especial na América do Sul, sofreu golpes militares de direita e viveu sob ditaduras truculentas. Os militares tomaram tais atitudes para "salvar" seus países do "perigo comunista", defendendo a doutrina de Segurança Nacional.

Ao assumir o poder, os governos militares fecharam Congressos, suspenderam a Constituição, cercearam as liberdades individuais, baniram do cenário político os partidos de esquerda, suspenderam os direitos políticos e instituíram a censura. Para conseguir a "limpeza" ideológica necessária, os golpistas montaram um eficiente aparelho repressor extremamente violento, responsável por prisões, sequestros, mutilações, assassinatos, desaparecimento de militantes e simpatizantes de esquerda, além de incentivarem delações, tudo em nome da "segurança" da Pátria.

Os grupos que se propuseram a lutar pela implantação do socialismo eram basicamente de inspiração leninista ou maoísta, muitos deles com indivíduos treinados em Cuba ou na Argélia, e mesmo na China.

Esses grupos eram compostos, na sua maioria, de intelectuais e estudantes de classe média, bastante politizados, que pretendiam implantar um Estado socialista. Agiam na clandestinidade, usando codinomes para dificultar a identificação; caso companheiros fossem presos e, sob tortura, confessassem a identidade dos demais, usavam táticas terroristas, como explosões, assassinatos, assaltos a bancos, estes últimos para arrecadar fundos para os movimentos, e praticavam ações audaciosas e de grande impacto, como sequestros de personalidades para que fossem trocadas por prisioneiros políticos.

Brasil

Em 31 de março de 1964, setores militares apoiados por segmentos da sociedade civil brasileira deram início ao ciclo que, por duas décadas, marcou tristemente a vida latino-americana. Nessa data, tropas rebeldes depuseram o então presidente João Goulart, acusando-o de estar levando o país ao caos, diante do crescimento das pressões populares, greves de caráter político, ameaça de reforma agrária e outras propostas de mudanças sociais e econômicas.

Em 1964, os militares brasileiros, com o apoio dos EUA, tomaram o poder, derrubando o então presidente João Goulart. Tinha início um período de ditadura que se estendeu até 1985.

Em 13 de dezembro de 1968, com o Ato Institucional n.º 5 (AI-5), o regime endureceu, iniciando-se uma fase de intensa repressão e de caça aos elementos considerados subversivos. Pela ideologia militar, de acordo com a Doutrina de Segurança Nacional, qualquer um podia ser considerado "suspeito" de ser subversivo, podendo, assim, ser preso, e muitas vezes torturado e até morto. O governo, para agir dessa forma, alegava estarmos vivendo um período de "guerra revolucionária", não havendo necessidade de formalismos jurídicos, nem qualquer prestação de contas às autoridades judiciárias ou à opinião pública.

Nos porões da ditadura, milhares foram torturados, muitos assassinados ou "simplesmente" desapareceram.

O jornalista Wladimir Herzog foi uma das vítimas da truculência das forças da repressão. Apresentou-se ao DOI-Codi do Exército e saiu de lá sem vida. Segundo comunicado oficial, Herzog enforcou-se em sua cela. A indignação tomou conta do país, que jamais aceitou essa versão que encobria terem sido as violentas torturas as responsáveis por sua morte.

A Luta Armada no Brasil

O Partido Comunista Brasileiro, o principal aglutinador das forças de esquerda brasileira, liderado por Luís Carlos Prestes, sofreu várias segmentações após o golpe de 1964. Prestes propunha uma grande aliança democrática (inclusive com setores da burguesia) para lutar contra a ditadura, porém, sem o uso da luta armada. Essa proposta não agradava parte dos militantes que viam na luta armada a principal via para se combater a ditadura e implantar um governo popular. Em1967, o dirigente do PCB, Carlos Marighella, ex-deputado federal e membro da Assembleia Nacional Constituinte de 1946, foi a Cuba para participar da Conferência da OLAS (Organização Latino-Americana de Solidariedade), contrariando orientação do Partido nesse sentido. Na volta ao Brasil, Marighella rompeu com o PCB e fundou a Ação Libertadora Nacional (ALN).

A ALN pregava a luta armada urbana como opção política para angariar fundos e implantar a guerrilha rural, derrubar a ditadura, acabar com os latifúndios e abrir caminho para que se pudesse chegar a um Estado socialista e revolucionário. "A ação faz a vanguarda" tornou-se a frase lema da ALN. Marighella tornou-se um dos homens mais procurados pelos órgãos da repressão e foi morto em São Paulo, em 4 de novembro de 1969, pelo delegado Sérgio Paranhos Fleury, um dos pilares da repressão e um dos maiores torturadores dos "anos de chumbo".

A guerrilha é um tipo de combate caracterizado pelo choque entre formações irregulares de combatentes e um exército regular. Os objetivos por ela perseguidos são mais políticos que militares. A destruição das instituições existentes e a emancipação social e política das populações são, de fato, os objetivos precípuos dos grupos que recorrem a esse tipo de luta armada. Por esses motivos, os termos guerrilha e guerra revolucionária foram, cada vez mais, identificando-se. [...]

O êxito dos movimentos de guerrilha baseia-se, quase sempre, na longa duração do tempo de luta, visando isolar, moral, física e politicamente, os governantes da população e da comunidade internacional. A guerrilha muito prolongada torna-se possível com a ajuda da população, persuadida por uma ideologia conforme seus sentimentos, e da ajuda (sobretudo de armas) de potências externas. O apoio da população assume formas diversas, mas todas vitais: desde o fornecimento de bens e de alimentos até a assistência aos guerrilheiros feridos; desde a organização de refúgios até o trabalho como guias; e, finalmente, a recusa de divulgar informações antiguerrilha.

O controle psicológico sobre as massas foi, por isso, considerado, juntamente com o controle das áreas rurais (o "campo"), o eixo principal da vitória dos movimentos de guerrilha. [...]

A influência sobre a população é obtida de vários modos: com uma doutrina política que condena as injustiças sofridas pela população, com o terrorismo, com a demonstração de superioridade. [...]

[...] Entre as várias atividades dos guerrilheiros, figura também o terrorismo, que se desenvolve contra pessoas ou grupos diretamente ligados à classe que mantém o poder. O terrorismo pode também ser dirigido com fins punitivos contra a população de alguma zona ou vila que não queira colaborar com a guerrilha. [...]

Adaptado de: BOBBIO, N. *Op. cit.*

Nos anos de 1967 e 1968, passaram à ação outros grupos que propunham a luta armada, entre eles o PCRB (Partido Comunista Revolucionário Brasileiro) e o MR-8 (Movimento Revolucionário 8 de Outubro), tendo este último tal nome em homenagem ao dia da morte de "Che" Guevara, na Bolívia, em 1967. O Partido Comunista do Brasil (PCdoB), uma dissidência do PCB, de orientação maoísta, implantou um movimento guerrilheiro rural na região do rio Araguaia, no sul do Pará, vencido em 1972 pelos militares.

Carlos Lamarca, um ex-capitão do Exército Brasileiro no início de 1969, junto com outros militares de sua unidade militar em Quitaúna, Osasco (SP), retirou armas e munição do quartel para se integrar ao movimento de luta armada contra a ditadura, causando grande alvoroço no meio militar, principalmente por ter comportamento exemplar, ser um exímio atirador e ter recebido treinamento antiguerrilha no Panamá. Sua atitude, inaceitável na caserna, e sua liderança dentro da VRP (Vanguarda Revolucionária Popular), à qual aderiu, fizeram dele um dos principais alvos da repressão. Sob seu comando, a VRP realizou diversos atos de guerrilha urbana e implantou um foco de guerrilha rural no Vale do Ribeira (SP); em 1971, entrou para o MR-8, e foi morto no interior da Bahia nesse mesmo ano.

O que levou ao fracasso dos movimentos de esquerda no país? Muitos fatores devem ser relacionados para que possamos compreender minimamente esse complexo momento nacional. Entre os fatores preponderantes internos podemos destacar que, no nosso país, nunca houve uma integração dos diferentes grupos de esquerda e das correntes que combatiam a ditadura que permitisse a formação de uma *frente ampla*. Esse fato, com certeza, eliminou parte das chances de sucesso dos movimentos que ansiavam (e lutavam) por um regime socialista. Estima-se que o total de militantes da luta armada tenha ficado entre cinco mil e seis mil pessoas. Outro fator determinante para o fim dos movimentos mais articulados e atuantes foi o fato de a mídia ser controlada por uma censura feroz, muitos intelectuais e políticos terem sido cassados e exilados, dando margem para que o governo apresentasse à população os terroristas, e as organizações de esquerda, como *monstros e facínoras* que queriam acabar com a *tranquilidade* da família brasileira. Além disso, a repressão era brutal: valendo-se da tortura para obter "confissões rápidas", conseguiu desestruturar e, por fim, aniquilar os movimentos organizados de esquerda. Eles só não contavam o que se fazia nos porões da ditadura...

Entre 1969 e 1971, o terrorismo de esquerda teve seu período de maior intensidade. Vejamos alguns exemplos.

A luta armada no Brasil, os atos terroristas e de *justiçamento*, como eram denominados os assassinatos, faziam parte da ação revolucionária. No dia 12 de outubro de 1968, Charles Rodney Chandler, capitão norte-americano que fazia um curso de pós-graduação em São Paulo, foi morto em frente à sua casa, na presença de seu filho de dez anos e de sua mulher. Foi encontrado um panfleto que justificava a ação:

O assassinato do Comandante "Che" Guevara na Bolívia foi cometido por ordem e orientação de criminosos de guerra como este agente imperialista Chandler, que praticou inúmeros crimes de guerra no Vietnã e veio ao Brasil para preparar outros criminosos sob os auspícios do Pentágono Militar dos Estados Unidos da América. Brasil, Vietnã da América. Criar um, três Vietnãs, eis a palavra de ordem do Comandante "Che" Guevara, que foi cruelmente assassinado na Bolívia por agentes imperialistas do nível deste Chandler, notório criminoso de guerra no Vietnã, e hoje punido e executado pela Justiça Revolucionária pelos seus crimes de guerra no Vietnã. [...]

No dia 24, em São Paulo, os prédios da Secretaria da Educação, do Citibank e da farmácia do Exército, na Avenida São João, foram atingidos por pedras, bombas e rojões. No meio dessa confusão, o comandante do II Exército, general Manuel Rodrigues de Carvalho Lisboa, declarou que os militares aceitariam o desafio lançado pela subversão. Como se fosse uma resposta, praticou-se o atentado que custou a vida de Mário Kozel Filho, jovem sentinela do quartel general.

SOUZA, P. de. *Autópsia do Medo.* São Paulo: Globo, 2000.

A execução de Chandler deu uma dimensão de até onde o terror poderia chegar. A morte de Kozel, porém, sensibilizou mais os militares. O capitão era um estrangeiro. O soldado Kozel era um deles, morto à porta de um quartel – o quartel-general do II Exército. Isso provocava arrepios de ódio. [...] os militares sentiram na pele o impacto do atentado, mas não sabiam exatamente qual era a força do inimigo. [...]

Ao entrar pela primeira vez no DOI-Codi e ver essas cenas, um policial começou a vomitar, apoiado numa pilastra. Foi amparado por um colega que o abraçou e falou baixinho no ouvido dele: “Calma, você vai se acostumar”. Como se estar participando daquela cena fosse apenas parte dos ossos do ofício. Mas as sensações de repulsa haveriam de “passar”. Alguns anos depois, aquele que deu esse conselho foi vítima dos mesmos tormentos e, abalado, não encontrou companheiro para ampará-lo no dia em que a filha o obrigou a encostar-se consigo mesmo ao pronunciar uma frase que nunca mais lhe sairia da cabeça: “O senhor é um robô, uma máquina de matar feita pelo Estado”.

Sim, a máquina foi montada, engraxada, aperfeiçoada. Lá dentro, a *cadeira do dragão* aguardava o condenado ao suplício. Segredo de porão: a cadeira era *know-how* do DEOPS, o Departamento de Ordem Pública e Social de São Paulo. [...] Após as sessões de choques ou pancadas (a “tortura objetiva”, como se dizia lá dentro), muitos dos debilitados prisioneiros não tinham sequer direito de voltar andando para a cela. O preso tinha de fazer o trajeto arrastando-se no chão. Era humilhação absoluta. Sem nenhum direito, a não ser confessar e sofrer. Despidos, pendurados no pau-de-arara e recebendo descargas elétricas, ainda eram submetidos a um ritual: folhas de jornal eram colocadas no chão, embaixo de cada um. Os torturadores sabiam que o esfíncter anal fica elástico e que a posição e os choques fazem defecar. Quando havia homem e mulher, companheiro e companheira, marido e esposa, “ele” era obrigado a ficar olhando o momento em que enfiavam dedos no ânus “dela”. Então, alguns desistiam de resistir. [...]

Isso, e muito mais, era feito de forma mecânica, como se fosse um trabalho e como se a perversidade fizesse parte da rotina profissional. “Não pega em mim que eu estou sujo de sangue”, berrava com certa frequência o capitão Faria, que escolheu o codinome *Átila*, o rei dos hunos.

SOUZA, P. de. *Op. cit.*

O sequestro de embaixadores foi uma tática dos grupos de esquerda que mais lhes deram visibilidade e, apesar da audácia, conseguiram efeitos sobre o governo brasileiro, obrigando-o a ceder perante as exigências dos grupos de esquerda.

No dia 4 de setembro de 1969, a agência de notícias internacional *Associated Press* repassou para o mundo um texto que parecia não ser verdadeiro, mais exatamente, inverossímil. Mas era verdade:

"URGENTE

Rio de Janeiro, 4 (AP) – O embaixador dos Estados Unidos no Brasil, Charles Burke Elbrick, foi sequestrado hoje no Rio de Janeiro. Um porta-voz da embaixada confirmou a notícia à Associated Press."

Os integrantes da ALN e do MR-8, responsáveis pelo sequestro, decidiram lançar um manifesto à Nação após o sequestro do embaixador, justificando sua conduta e colocando as exigências para sua libertação. Uma dessas exigências era que o manifesto deveria ser reproduzido nos principais jornais e transmitido nas principais rádios e televisões do país, como realmente foi feito. Vejamos um trecho dele:

"A ação pretendia globalizar todas aquelas ações armadas que tinham sido feitas. Tudo seria justificado e, dentro dos limites, apresentaríamos uma espécie de *avant-première* da história contemporânea brasileira. O dinheiro e as armas que estavam sendo recolhidos destinavam-se à guerrilha rural que, em breve, eclodiria no Brasil."

Havia um parágrafo que sintetizava essa intenção:

"Grupos revolucionários detiveram hoje o Senhor Elbrick, conduzindo-o a algum lugar dentro do país, onde se encontra. Não se trata de uma ação isolada. É mais uma das inúmeras ações revolucionárias já realizadas: assaltos a bancos, em que se recolhem fundos para a revolução, recuperando o que os banqueiros tiram do povo e dos seus empregados; incursões contra quartéis e postos policiais, onde obtemos armas e munições para desenvolver a ação destinada à derrubada da ditadura; assaltos a cárceres, onde se encontram presos elementos revolucionários, a fim de libertá-los; colocação de bombas em edifícios que têm relação com a opressão; execução de carrascos e torturadores. Na realidade, o sequestro do embaixador é mais um ato de guerra revolucionária que a cada dia avança e que começou este ano sua etapa de guerrilha rural."

Outro embaixador foi sequestrado, desta vez, o da Alemanha, obrigando o governo brasileiro a ceder às exigências dos terroristas.

A rua Cândido Mendes, no Rio, estava absolutamente deserta quando o carro do embaixador da Alemanha Ocidental, Ehrenfried Von Holleben, foi fechado por um Volks e um Karman-Ghia. A ação durou pouco mais de um minuto. O agente federal Irlando de Souza Regis é morto ao tentar reagir, o agente Luiz Antônio Sampaio leva um tiro na barriga e outro sai apenas ferido por estilhaços de vidro. Von Holleben é rapidamente empurrado para o Karman-Ghia, ocupado por dois militantes, e o Volks parte atrás com três homens e uma mulher. Embora muito rápido, este sequestro se realizou com mais riscos que os anteriores. Um detalhado levantamento feito pela Frente de Libertação Nacional, sob o comando do ex-major Pires Cerveira, já havia chegado ao conhecimento da polícia por meio de militantes que não resistiram à tortura e falaram. A embaixada chegou a ser avisada, mas não reforçou a guarda.

No dia seguinte, 12 de junho de 1970, o presidente Médici, ministros militares, da Justiça e das Relações Exteriores, reunidos, decidem atender parte das exigências dos sequestradores: divulgar pela imprensa o manifesto deixado no cofre de esmolas da Igreja de Santa Mônica, no Leblon, pelo "Comando Juarez Guimarães de Brito":

Ao povo brasileiro

1. A ditadura militar se desmascara cada vez mais como inimiga do povo, como serviçal dos grandes capitalistas estrangeiros, bem como dos grandes proprietários de terra.
2. O descontentamento popular cresce e, para impedir sua manifestação, a ditadura desencadeia a repressão brutal, impede o funcionamento dos sindicatos e organizações populares, liquida a liberdade de imprensa, acaba com as eleições; o poder é exercido pelos altos escalões militares, apoiados num imenso serviço de espionagem que consome o dinheiro do povo; governadores são designados, Câmaras e Assembleias são fechadas e abertas, cidadãos são cassados a bel-prazer dos "generais".

3. [...]
4. Para impedir a ação revolucionária do povo, a ditadura recorre aos métodos mais bárbaros de repressão. Milhares de lutadores enchem as cadeias, a tortura e o assassinato de presos políticos tornaram-se métodos normais de repressão. Pessoas das famílias de perseguidos são presas e torturadas. O governo, diante dos protestos contra essas barbaridades, mente cinicamente, envergonhando ainda mais a nossa pátria. Mas Domingues da Silva, Severino Vianna Collon, Chael Charles Scheir, Vírgilio Gomes, Mário Alves, Carlos Zanirato e, mais recentemente, Olavo Hansesn, no DEOPS paulista, e tantos outros foram espancados até a morte. As denúncias de tais fatos por personalidades internacionais são desmentidas pela imprensa oficial: afirmam que as denúncias de centenas de torturas feitas por D. Helder Câmara, Jean Paul Sartre, Edward Kennedy e Paulo VI nada mais são do que um complô subversivo.
5. Em todos os países, um número cada vez maior de patriotas pega em armas, na inexistência de eleições e na impossibilidade de métodos pacíficos mudarem a situação. Só a guerra revolucionária, as ações guerrilheiras e a guerrilha rural levarão o povo brasileiro a libertar-se.
6. [...]
7. A guerrilha será invencível no Brasil [...].

No dia 13 de junho o governo resolve atender a outra exigência e, dois dias depois, pela manhã, um Boeing 707 decola com destino à Argélia, levando 40 presos políticos.

EMILIANO, J. & OLDACK, M. *Lamarca, O Capitão da Guerrilha.* São Paulo: Global, 1986.

Um dos prisioneiros libertados foi Fernando Gabeira, que participou do sequestro do embaixador norte-americano.

Transferiram-me de cela na Ilha Grande e passei, creio, somente uma ou duas semanas mais. Estava com um marinheiro ouvindo rádio, numa noite, e um locutor uruguaio lera, emocionado, uma notícia do embaixador alemão em Santa Teresa. O sequestro tinha sido feito em condições militares exatas e parece que até a luz da rua tinham apagado em um tiro.

Tentei sintonizar outras rádios, mas imediatamente as portas se abriram e os rádios foram confiscados. Entraríamos em regime de tranca-dura a partir daquele momento. E agora? Como saber se o sequestro daria certo, como acompanhar sua evolução? As celas davam para o pátio; no pátio passavam os presos comuns. Eles ouviam tudo, iam fazendo chegar a nós todas as informações. No café da manhã do dia seguinte, fui informado de que um pequeno aparelho de rádio escapara à revista. Queriam 40 prisioneiros em troca do embaixador alemão. A qualquer momento surgiria a lista.

Ninguém dormiu direito na Ilha Grande.[...] parecia que algo dentro de mim havia rompido. Todos os mecanismos dedicados a aguentar a cadeia, a tolerar os anos de espera diante de nós, caíram por terra. Passei a ver a cadeia com toda clareza: uma experiência insuportável. Passei a ver a cadeia com os olhos de quem ia abandoná-la. E não tinha a mínima ideia se meu nome estava na lista.

Quando clareou na Ilha Grande, alguém disse que a lista já havia sido divulgada. Iam dar bom-dia aos nomes dos presos que sairiam. Ouvi gritos ao longe: bom-dia, Daniel; Domingos, bom-dia; bom-dia, Fausto; bom-dia, Gabeira...

Fomos transferidos para Bangu. [...]

Daniel, Domingos, Fausto e eu fomos colocados numa cela do primeiro andar. Sentíamos que outros prisioneiros estavam por lá. Tentávamos contatos, perguntávamos, mas não conseguíamos estabelecer o quadro completo. Não sabíamos a composição completa da lista. Havia algumas dúvidas. Queria saber de Vera. Chamei o Cabo Gil, numa de suas passagens, e pedi para que entregasse um cigarro a Vera. Não a conhecia pessoalmente, mas, que diabo, éramos do mesmo sequestro e a vida em liberdade estava por começar. [...]

Fomos transferidos para o aeroporto militar do Galeão. Os torturadores estavam furiosos. Sublimaram sua fúria num frenesi de

> fotos e impressões digitais. Gomes Carneiro quase chorou, lamentando que tanto trabalho e risco fossem perdidos daquela forma. [...]
>
> Fomos colocados num avião da Varig, algemados dois a dois. Cada dupla era protegida por um policial no avião. [...]
>
> O policial queria descansar um pouco. Olhava-nos sem nenhum rancor. Vera estava paralítica, mas não estava morta. [...] Dali a pouco estaríamos na Argélia. O governo brasileiro havia decretado nossa morte oficial assinando uma pena de banimento, mas, paradoxalmente, começávamos a viver. [...]
>
> GABEIRA, F. *O que É isso, Companheiro?*
> Rio de Janeiro: Nova Fronteira, 1982.

A Tênue Divisão

O Estado de exceção proporcionou o aparecimento de temíveis excrescências dentro da repressão. Os radicais do regime em vigor ganharam espaço. Com o passar do tempo, e a complacência dos superiores, os torturadores foram tornando-se cada vez mais cruéis e ganhando autonomia, sem que fossem cobrados ou responsabilizados por suas ações. Assassinatos em decorrência da violência das torturas ocorriam nos centros de repressão, ou presos em suas dependências "desapareciam" para sempre; grupos paramilitares decidiam fazer justiça com as próprias mãos, surgindo, assim, os famigerados esquadrões da morte, que executavam "bandidos" sumariamente. A própria direita passou a praticar atentados para poder incriminar os grupos de esquerda.

Um dos casos mais discutidos (e negado por membros das Forças Armadas), que beira as raias da insanidade, foi o caso Para-SAR:

> Um dos mais espetaculares atentados projetados pelo governo – ou por militares intimamente ligados ao poder – acabou frustrado pela recusa de um oficial em executá-lo. Em 1968, o brigadeiro João Paulo Penido Burnier, chefe do gabinete do ministro Márcio de Souza Mello, planejou explodir o gasômetro do Rio de Janeiro, com

o auxílio do Para-SAR*. Milhares de pessoas morreriam, mas, segundo o brigadeiro Burnier, o atentado seria necessário para "salvar o Brasil do comunismo", instigando o ódio da população contra os "subversivos", que levariam a culpa pelas mortes.

O capitão-aviador Sérgio Miranda de Carvalho, encarregado de executar o plano, negou-se a cumprir a missão e ameaçou denunciá--la, caso Burnier pretendesse levá-la adiante com outros oficiais. O plano frustrou-se, mas o capitão Sérgio foi afastado da Aeronáutica, em 1969, acusado de "louco".

Só em 1978 a verdade veio à tona, graças ao depoimento do brigadeiro Eduardo Gomes, em defesa do capitão Sérgio. O brigadeiro confirmou que se preparava "a explosão de gasômetros, a destruição de instalações de força e luz, [que seriam] posteriormente atribuídas aos comunistas". Em seguida ao pânico, viria a segunda etapa:

"[aconteceria] sumariamente, a eliminação física de personalidades político-militares, o que, no seu entendimento [do brigadeiro Burnier], possibilitaria uma renovação nas lideranças nacionais. A execução de tal plano aproveitar-se-ia do momento psicológico em que as passeatas e agitações estudantis perturbavam a ordem pública".

---

*O Para-SAR é uma divisão da Aeronáutica empregada para salvamentos em locais de difícil acesso, na selva ou no mar. [...]

CHIAVENATO, J. J. *O Golpe de 64 e a Ditadura Militar.* São Paulo. Moderna, 1994.

As Ditaduras em Outros Países Sul-Americanos

Em 1968, um movimento militar liderado pelo general Juan Velazco Alvarado depôs o presidente eleito peruano Fernando Belaúnde Terry. Em 1971, o governo boliviano, também por um golpe militar, passou a ser chefiado pelo general Hugo Bánzer Suárez, que suspendeu as eleições e baniu os partidos políticos e os sindicatos. O Uruguai seguiu atrás, primeiro com um governo civil com poderes excepcionais e, depois de três anos, os militares assumiram claramente o comando da nação.

Chile

Cada povo com suas dores, cada luta com seus tormentos, mas vinde aqui dizer-me se entre os sanguinários, entre todos os desmandados déspotas, coroados de ódio, com cetros de látegos verdes, foi algum como o do Chile?

Pablo Neruda, *Canto Geral*, V, 1950.

A mais longa e uma das mais cruéis ditaduras latino-americanas aconteceu no Chile, sob a liderança do general Augusto Pinochet. Em 11 de setembro de 1973, as Forças Armadas depuseram o presidente eleito Salvador Allende, que chegou ao poder por uma coalizão de partidos de esquerda, conhecida como Unidade Popular. Os opositores de Allende, com apoio norte-americano, descontentes com a orientação socialista governamental, promoveram a desestabilização do governo, com ações planejadas, como, por exemplo, incitando e provocando locautes. Por sua vez, os aliados de Allende, reagiam a tais tentativas, o que acabou gerando um clima de tensão nacional de tal ordem, próximo à total falta de governabilidade. Allende não se rendeu e foi morto pelas tropas rebeldes no dia do golpe, no Palácio de La Moneda, no centro de Santiago.

Os dias e meses que se seguiram ao golpe foram de uma verdadeira caça aos correligionários de Allende e a seus simpatizantes. O Estádio Nacional de Santiago serviu como uma grande prisão coletiva, onde a tortura era usada nas suas piores formas para se obter confissões e declarações dos prisioneiros, reconhecendo sua culpa por terem "traído a Pátria", entre outras aberrações. Muitos foram sumariamente fuzilados; outros não aguentaram as torturas; outros ainda foram mutilados e muitos desapareceram.

Com o passar do tempo, a perseguição à oposição aumentou, e a tortura e os fuzilamentos tornaram-se rotina. Medidas de exceção, como o toque de recolher e batidas em todas as casas de quarteirões inteiros, integravam o cotidiano chileno. Tais ações eram chefiadas por militares e pela terrível polícia secreta, Dina: os agentes invadiam casas e aprisionavam qualquer um que lhes parecesse suspeito.

O general Pinochet implantou uma ditadura personalista, destacando-se das outras ditaduras latino-americanas em que houve rodízio entre militares (ou outros membros das Forças Armadas) no poder (exceção feita ao Paraguai, que foi chefiado pelo general Alfredo Stroessner de 1954 até 1989). Além de liquidar (literalmente) a oposição, Pinochet foi o mentor de uma ação "multinacional" de repressão aos "subversivos" e dissidentes, da qual faziam parte Bolívia, Paraguai, Argentina, Uruguai e Brasil – a famigerada *Operação Condor* (que se tornou pública com a denúncia de um ex-preso político paraguaio, Martín Almada, que apresentou, em 1992, um dossiê da polícia paraguaia com fotografias, fichas de elementos tachados de esquerdistas, correspondências trocadas entre os órgãos de repressão e até um dicionário de termos subversivos).

General Augusto Pinochet.

Na realidade, tratava-se de um sistema de intercâmbio de informação e de presos políticos entre os governos militares dos países do Cone Sul – Chile, Argentina, Brasil, Paraguai, Uruguai –, sob o comando da Dina chilena, e com o apoio de Washington, que ajudou na montagem dessa rede, oferecendo apoio logístico no Panamá, especialmente para perseguir dissidentes políticos e exilados. Além da troca de informações, agentes deslocavam-se para outro país, contando com as informações e a ação dos órgãos de repressão locais para "buscar" elementos que tinham atravessado a fronteira ou que se encontravam exilados em território de outro "país-membro" da Operação Condor.

No Brasil, em 1978, a uruguaia Lilian Celiberti, que vivia exilada em Porto Alegre com seu companheiro Universindo Díaz, foi presa e levada clandestinamente ao Uruguai com a ajuda de policiais gaúchos que estavam "cooperando" com seus colegas uruguaios. Embora o fato tenha sido denunciado pela mídia internacional, o casal ficou preso por mais de cinco anos no Uruguai; em 1980, os ítalo-argentinos Horacio Campiglia, Monica Pinus de Binstock e Lorenzo de Ismael Viñas foram presos por agentes da polícia argentina em território brasileiro. Um levantamento feito pelo jornalista Nilson César Mariano, no livro *Operação Condor, Terrorismo de Estado no Cone Sul*, indica que, no mínimo, 135 uruguaios, 113 chilenos, 51 paraguaios e 11 brasileiros foram vítimas da ação conjunta entre as polícias dos países da Operação Condor. Todos estavam fora de seus países de origem.

Como em todos os regimes ditatoriais, a censura e a falta de liberdade política acabam por gerar grupos que passam a ter certa autonomia. A Operação Condor, excetuando-se o Chile, foi desenvolvida por agentes subalternos dos órgãos de repressão, que agiam com grande independência.

Pinochet governou por 17 anos, até que um referendo popular proposto por ele mesmo, como forma de se manter no poder, o mandou de volta para casa. Pinochet tornou-se senador vitalício chileno.

Os atentados terroristas fora do país: os tentáculos da Operação Condor

No dia 30 de setembro de 1974 ocorreu em Buenos Aires um dos crimes mais bárbaros cometidos por uma ditadura latino-americana. Numa rua de Palermo, bairro chique da capital argentina, uma bomba estraçalhou um carro Fiat, matando na hora o general chileno Carlos Prats e sua mulher, Sofia Cuthbert. Como comandante do Exército do Chile durante o governo do socialista Salvador Allende, Prats sempre manteve posições legalistas e se opôs à conspiração dos militares de direita contra o governo da Unidade Popular. Era considerado um homem culto e sensível e ficou ao lado de Allende até o último momento antes do sangrento golpe de Augusto Pinochet em setembro de 1973. Quando foi assassinado, Prats vivia exilado na Argentina havia um ano. Quase 26 anos depois, o crime está próximo de ser esclarecido. Em novembro do ano passado, um ex-agente da Dina (a polícia secreta da ditadura chilena), o americano Michael Townley, confessou ter sido ele quem colocou a bomba no carro de Prats, um depoimento que só agora veio à tona. [...] Townley vive hoje nos Estados Unidos e está sob o sistema de proteção às testemunhas, depois de colaborar com a Justiça. Ele cumpriu pena de seis anos pelo assassinato, em 1976, em Washington, do ex-ministro chileno Orlando Letelier e de sua secretária, a americana Ronni Moffit, também com um atentado à bomba. Aliás, o ex-agente, um anticomunista ferrenho, tem um currículo invejável de assassinatos nos anos de repressão. No sótão de sua luxuosa casa em Santiago, ele torturou e matou um diplomata espanhol da ONU, Carmelo Soria.

Na confissão à juíza, Townley acusou o general da reserva e ex-chefe da Dina, Manuel Contreras, de ter dado a ordem de matar Prats. Contreras, que cumpre seu último ano de prisão na cidade chilena de Puntà Pueco pelo assassinato de Letelier, rejeitou as acusações. Ele disse que Townley nunca foi da Dina, mas sim espião da CIA. "Para ser da Dina seria necessário que ele fosse membro da Força de Defesa Nacional, e ele não era. Townley era, sim, agente da CIA desde fevereiro de 1971", disse Contreras. Até hoje são obscuras as atuações do serviço secreto americano nos cinzentos e sangrentos anos das ditaduras latino-americanas. [...] Porém, todas essas acusações vão desembocar no capo-mor das atrocidades da ditadura no Chile: o general Augusto Pinochet, cuja imunidade que desfruta como senador vitalício está sendo reavaliada pela Justiça.

IstoÉ. São Paulo: Ed. Três, 15 abr. 2002.

Argentina

Em 1976, foi a vez de os militares argentinos, liderados pelo general Jorge Rafael Videla, deporem a então presidenta Isabelita Perón, viúva do ex-presidente, e também ex-ditador, Juan Perón. O período de ditadura militar (1976-1983) foi inacreditavelmente cruel e os órgãos de repressão usaram rotineiramente a tortura, os assassinatos, os sequestros e "desaparecimentos", que resultaram em um número assustador: estima-se que mais de trinta mil pessoas "desapareceram" durante a "guerra suja". O principal grupo de esquerda e que optou pela luta armada foram os Montoneros. Seus militantes foram literalmente eliminados pelas forças da repressão.

Todas as semanas, na mesma hora, elas se reuniam em frente à Casa Rosada, sede do governo argentino, para pedir justiça aos filhos desaparecidos nos sangrentos anos da ditadura. As "Madres de Plaza de Mayo" se tornaram um dos símbolos da resistência ao regime militar argentino, que ocorreu entre os anos de 1976 e 1983. Um movimento que começou com um grupo de apenas 14 mães exigindo notícias de seus filhos desaparecidos e obteve reconhecimento internacional como uma das principais instituições civis de luta contra os crimes cometidos pela ditadura, sendo inclusive indicado ao Prêmio Nobel da Paz.

Segundo estimativas oficiais, nove mil pessoas desapareceram nos organismos de repressão militar argentina. Número que sobe para 30 mil quando os cálculos são feitos pelos organismos de direitos humanos. Um dos expedientes mais utilizados na ditadura argentina era justamente o dos desaparecimentos.

Os órgãos de repressão sequestravam os opositores ao regime e, na maior parte das vezes, os atiravam de um avião no Rio da Prata. Sem notícias de seus filhos, as mães percorriam igrejas, delegacias, prisões e gabinetes políticos à procura de ajuda. Entre estas buscas, em abril de 1977, elas decidiram se reunir na conhecida Praça de Maio, em Buenos Aires, para conseguir a intervenção do então presidente Jorge Videla, exigir notícias sobre seus filhos desaparecidos e pedir a punição dos responsáveis.

Como marca registrada, as mulheres passaram a utilizar lenços brancos sobre a cabeça e exibir cartazes com as fotos e os nomes dos parentes desaparecidos. E ali, na Praça de Maio, continuaram, semana a semana, todas as quintas-feiras às três e meia da tarde, resistindo aos cassetetes da polícia, às ameaças de prisões e mortes. Em dezembro de 1977, Azucena Villaflor De Vicenti, a primeira líder das mães, foi sequestrada e assassinada pelos organismos repressivos da ditadura militar. O grupo chegou a reunir milhares de mulheres, mas muitas adoeceram, morreram ou foram abandonadas pelos maridos, que não entenderam a luta que uniu essas mulheres no mesmo sentimento de perda e solidariedade. É a esse sentimento que as mulheres se referem quando explicam que "os filhos mortos pariram as mães".

Ao longo dos anos, as Mães da Praça de Maio chegaram a ser conhecidas como "as loucas", mas atingiram reconhecimento e notoriedade, reunindo grupos de apoio em todo o mundo. Foram elas as responsáveis pela localização de inúmeras crianças, filhas dos desaparecidos e que levaram às descobertas da ligação entre os países latino-americanos ditatoriais na Operação Condor. Em 1986, o grupo se dividiu entre as Mães lideradas por Hebe de Bonafini e a Linha Fundadora, liderada por Maria Adela Gard de Antokoletz. Mas elas nunca abandonaram o local que deu nome à luta. Em 1996, em entrevista a **O Estado**, a líder Hebe de Bonafini resumiu o objetivo da luta das Mães da Praça de Maio: "Enquanto houver um só assassino pelas ruas, nossos filhos viverão para condená-lo por nossas bocas".

SOSNOWSKI, A. *O Estado de S. Paulo*. São Paulo, 27 maio 2000.

5

O Oriente Médio: Árabes × Judeus

O confronto entre árabes e judeus no explosivo Oriente Médio é um fenômeno recente, que remonta à criação do Estado de Israel, em 1948, por decisão da ONU. O conflito, aparentemente insolúvel, tem suas raízes no imperialismo europeu do século XIX e no confronto entre EUA e URSS no pós-guerra.

As desavenças e o ódio declarado entre judeus sionistas e palestinos nem sempre foram o caos atual, pois havia uma convivência pacífica entre esses dois povos no final do século XIX. Na segunda metade do século XX, tal convivência se transformaria em anos de derramamento de sangue, vitimando uma grande parcela da população dessa região, que atualmente conta, incluindo-se a população árabe, com aproximadamente 344 milhões de habitantes, distribuídos por 7,2 milhões de quilômetros quadrados.

A Partilha Imperialista

Com o fim da Primeira Guerra Mundial e do Império Otomano, o Oriente Médio tornou-se uma área controlada pelos interesses imperialistas europeus (França e Inglaterra). Dessa forma, abriu-se o caminho para uma nova geopolítica, imposta pelas potências ocidentais que partilharam a região.

Os interesses ingleses e franceses anteciparam-se ao fim do Império Otomano que governava a área. Os dois países já tinham assinado secretamente os acordos de Sykes-Picot, em 1917, com aprovação russa, antes mesmo do fim do conflito mundial que levaria à desintegração do Império Otomano. No acordo, as duas potências realizaram a partilha do Oriente Médio e reconheceram a existência de um possível Estado Árabe Independente, como forma de ter a população árabe local ao seu lado, contra os otomanos. Como sempre, fizeram prevalecer seus interesses, não dando ao eventual Estado Árabe as fronteiras que eles – ocupantes da região há séculos – desejavam. Dessa forma, os ingleses não incluíram a Síria e a Palestina nas áreas pretendidas pelos árabes. No final da Primeira Guerra, os ingleses ocuparam a Palestina.

Adaptado de: WALLBANK, T. W. *et al. Op. cit.*

Mapa do Império Otomano.

Em 1917, o chanceler inglês Arthur Balfour manifestou-se favorável à criação de um Estado judeu na Palestina, desde que fossem respeitados os direitos dos não judeus, ou seja, dos palestinos. A reação árabe ao pronunciamento do chanceler não foi favorável, pois se sentiram traídos. Em 1920, o embrião da ONU, a Liga das Nações, autorizou os britânicos a administrarem a Palestina.

A perseguição nazista aos judeus, visando seu extermínio sistemático, na Segunda Guerra intensificou a emigração europeia para a Palestina, embora não fosse apoiada pelos ingleses. Mesmo de forma clandestina, milhares de judeus estabeleceram-se na terra de seus ancestrais.

A Colonização Judaica na Terra Santa

Os judeus, motivados pelo pensamento sionista de ocupar a Palestina, a terra de seus ancestrais, formando um Estado judeu, passaram a emigrar de forma significativa para essa área na segunda metade do século XIX, financiados por magnatas judeus que viviam na Europa. Em 1909, eles fundaram a primeira colônia agrícola comunitária, o *kibutz*. A presença judia não foi um transtorno nem causou revolta nas populações árabes palestinas, sendo a convivência entre eles pacífica, época de raras cenas de violência entre árabes e judeus sionistas.

A negligência das potências europeias com relação às demarcações territoriais, compreendendo a região da Palestina, dizia respeito não apenas aos problemas relativos às fronteiras, como também ao processo de colonização judaica iniciado em fins do século XIX. Vejamos dois textos que tratam do assunto.

A questão sionista

Em 1852, a população de origem judaica na Palestina não ultrapassava 11.800 pessoas.

As primeiras colônias agrícolas judaicas datam de 1882 (...). Essa primeira fase da implantação sionista só foi possível graças ao barão de Rothschild, que financiou a aquisição e a formação de 19 colônias e uma escola agrícola.

Rothschild, que tinha altos negócios em Paris, Londres e outras capitais europeias, como todos os magnatas judeus, não encarava com bons olhos a chegada de milhares de imigrantes israelitas pobres da Europa Oriental. Aliás, seu envio para bem longe – Oriente Médio, Estados Unidos, América do Sul etc. – era sem dúvida oportuno e bem-vindo.

Foi em Basileia, na Suíça, que se reuniu em 1897 o primeiro Congresso Sionista (em 1896, o jornalista húngaro judeu Theodor Herzl publicou *O Estado Judeu*, sugerindo a criação de um Estado Nacional judeu na Palestina, berço do judaísmo), agrupando 204 membros e fundando a Organização Sionista Mundial, com o objetivo de impulsionar o "retorno à Palestina". Três anos depois, as "colônias Rothschild" foram transferidas para a proteção de outro barão, Maurice de Hirich, da *Jewish Colonization Association*. Iniciou-se a utilização de mão de obra árabe local (apenas por pouco tempo), diminuindo a imigração de judeus.

A segunda onda de imigração sionista, na maior parte judeus russos influenciados pelas ideias socialistas (em expansão na Rússia antes da Revolução de 1905), restabeleceu o princípio do "retorno" (ao antigo "Reino de Israel", de há dois mil anos).

Enfim, o processo de colonização sionista tinha uma peculiaridade muito própria, que o diferenciava de outras iniciativas colonizadoras da época, como a inglesa ou a francesa: não pretendia explorar a mão de obra nativa, mas substituí-la na totalidade pela imigrante.

SALEM, H. *O que É a Questão Palestina.*
São Paulo: Brasiliense, 1982.

Comprando terras de proprietários árabes, estabelecidos em Jerusalém ou em Beirute, muitos judeus chegaram imbuídos dos ideais de cooperação mútua e, bem ao estilo da época, acreditavam estar trazendo progresso e civilização para os habitantes da região. E, de fato, inicialmente, os árabes palestinos se beneficiaram bastante com a nova situação, desfrutando do acesso ao novo mercado de trabalho aberto com a criação de comunidades agrícolas coletivistas e a existência de novas cidades, como Tel Aviv, fundada em 1909.

No início da década de 1930, viviam cerca de 840 mil árabes na Palestina; destes, apenas 75 mil eram cristãos, que viviam nas áreas urbanas, alfabetizados e tinham acesso aos baixos e médios escalões da administração inglesa. Os árabes muçulmanos, no entanto, estavam em situação bem pior; 70% deles viviam do cultivo de grãos, vegetais, azeite de oliva e tabaco em terras que não possuíam. Sempre endividados com seus patrões, a quem deviam o aluguel das terras que ocupavam, estes agricultores viviam em estado de grande pobreza. Mesmo assim, a situação deles era melhor do que a dos árabes muçulmanos do Oriente Médio: entre 1922 e 1946, 100 mil árabes entraram na área controlada pelo mandato britânico, buscando as oportunidades econômicas criadas com a colonização judaica.

Até o crescimento da imigração judaica na região, portanto, os palestinos não possuíam qualquer reivindicação territorial de cunho nacionalista.

Foi só depois de as potências estrangeiras terem dividido o Oriente Médio, criando artificialmente países árabes em outras áreas e firmando um compromisso pelo estabelecimento de um lar judeu, que os palestinos fundaram seu próprio movimento nacional, baseados no argumento de que, se os judeus tinham direito àquela terra, eles o tinham também, e mais ainda por lá estarem há mais tempo do que os sionistas. Pode-se dizer, portanto, que o sionismo motivou a formação do nacionalismo palestino. (...) durante as décadas de 1920 e 1930, judeus e palestinos deram início a uma disputa que não teria fim, já que seus objetivos eram semelhantes e excludentes; ambos queriam pôr fim ao Mandato Britânico e criar uma nação independente no mesmo lugar.

REIS FILHO, D. A.; FERREIRA, J.; ZENHA, C. (Org.). *O Século XX*. Rio de Janeiro: Civilização Brasileira, 2000. pp. 105-6.

A Origem dos Conflitos

Nos fins da década de 1930, iniciou-se um processo dos dois povos, que em um passado próximo mantinham uma relação amistosa, para consolidar seus objetivos de autonomia e construção de um Estado Nacional, usando a violência como arma. A questão nacionalista tornou-se primordial para ambos os lados.

O uso da violência foi se tornando cada vez mais comum, levando ao aparecimento de grupos terroristas judeus de extrema-direita, que viam no terrorismo uma forma de intimidar os árabes e desestabilizar o domínio inglês, abrindo caminho para a efetivação de um Estado judeu. Um desses grupos, o Irgun Zvai Leumi (Organização do Exército Nacional), a partir de 1938, especializou-se em jogar bombas nos populosos mercados árabes das principais cidades da Palestina, sendo duramente reprimido pelas autoridades inglesas que administravam a área. Não demorou muito para que os dominadores ingleses fossem vítimas de atentados terroristas, levando à morte várias autoridades britânicas.

O Irgun não monopolizou as ações terroristas contra ingleses e palestinos; uma trégua formal, forçada pela eclosão da Segunda Guerra Mundial, não agradou ao líder da facção terrorista Araham Stern, que abandonou a organização junto com a maior parte de seus militantes, fundando uma nova agremiação: os "Lutadores pela liberdade de Israel" (Lohmey Heruth Israel – LHEY), comumente conhecida por Stern.

A solução para o restabelecimento das ações terroristas por parte do Irgun tinha de ser rápida, estratégica e funcional, para que a forma encontrada pelo extremismo abalasse quem quer que se opusesse aos objetivos dos grupos que se formavam para garantir o Estado de Israel.

A união fez força:

> A debandada dos extremistas deixou o Irgun muito mal. Era necessário sangue novo, fascista, terrorista, para poder rearticulá-lo. Foi com esse "nobre" objetivo que o polonês Menahem Begin (que tempos depois viria a ser primeiro-ministro de Israel) chegou à Palestina em 1943. Tido como eficiente organizador e propagandista, ele conseguiu de fato rearticular o Irgun.
>
> A partir daí, Stern e Irgun vão literalmente "botar para quebrar". A tal ponto que, em julho de 1946, o Irgun realizou uma ação que o imortalizaria na história do terrorismo: a explosão do King David Hotel, em Jerusalém, onde se hospedavam funcionários do mandato britânico.
>
> Segundo o Irgun, o hotel teria recebido uma advertência 25 minutos antes da explosão, mas não fez caso da ameaça. O fato é que simplesmente 91 pessoas – ingleses, árabes e até judeus – morreram no atentado e 41 ficaram feridas.
>
> SALEM, H. *Op. cit.*

O final da Segunda Guerra Mundial trouxe uma nova correlação de forças no cenário mundial. A até então poderosa Grã-Bretanha saiu muito fragilizada do conflito, e despontavam como líderes mundiais duas novas potências antagônicas ideologicamente: EUA e URSS. Sem o seu antigo poderio econômico e político, a Grã-Bretanha retirou-se da Palestina, não se preocupando em articular sua saída com as lideranças locais ou evitar o vácuo no poder. Em 1947 seus representantes partiram para casa, deixando para traz um barril de pólvora de pavio curto, pronto para explodir na medida em que deixaram todo seu arsenal militar em mãos dos palestinos. Judeus e palestinos defrontavam-se pela criação de seus Estados Nacionais sem a intermediação de qualquer poder moderador estrangeiro.

A Criação de Israel

O assassinato de seis milhões de judeus durante a Segunda Guerra fez com que, após o término do conflito, crescesse o apoio internacional à causa sionista da criação de um Estado judeu.

Com o abandono literal da Palestina pela Grã-Bretanha, a questão passou a ser discutida na ONU, surgindo um plano de partilha da Palestina em um Estado judeu e outro palestino, sem, no entanto, consultar os árabes palestinos sobre essa delicada questão. A 29 de novembro de 1947 o plano de partilha foi votado e aprovado.

Além da divisão dos territórios palestinos, o mundo dividia-se ideologicamente em capitalistas e comunistas.

Depois da Segunda Guerra Mundial, as disputas hegemônicas das superpotências acirravam-se rapidamente, desembocando na corrida armamentista como forma de intimidar o inimigo e garantir as áreas de influência e, ao mesmo tempo, concentrar esforços para ampliá-las. Não podemos esquecer que os EUA já tinham detonado a bomba atômica e, em 1949, seria a vez de a URSS mostrar seu poderio nuclear. A Guerra Fria tornou-se extremamente perigosa, pois a ameaça de enfrentamento militar fugia dos moldes tradicionais. Os dois lados poderiam usar armas nucleares de destruição em massa, com consequências imprevisíveis.

Essa escalada armamentista das grandes potências serviu para demarcar fronteiras e buscar novos aliados para suas políticas de Estado, com o apoio de algumas dessas potências à Questão Palestina. Inicialmente a URSS vendeu aos judeus sionistas armas de fabricação tcheca; a Inglaterra, embora fragilizada e sem o poderio anterior, apoiou os árabes. Nesse momento, ficou claro que os conflitos teriam outras personagens, logo, outros interesses.

Ben Gurion anunciou em 14 de maio de 1948 a fundação do Estado de Israel, tornando-se seu primeiro-ministro. No dia seguinte à implantação, cinco estados árabes, sentindo-se lesados, conduzidos por lideranças demagógicas e arcaicas, declararam guerra a Israel, com o intuito de impedir a implantação do Estado judeu. Completamente despreparados para o conflito, foram derrotados e Israel ampliou suas fronteiras significativamente. O Estado Palestino tornou-se natimorto. Milhões de palestinos, sentindo-se intimidados e com medo, migraram para países árabes vizinhos.

Em 1949, após a vitória, o Parlamento israelense (Knesset) aprovou a Lei do Retorno, garantindo a judeus de todo o mundo o direito de cidadania israelense.

Adaptado de: *Le Monde Diplomatique. Dictionnaire de Geopolitique.*

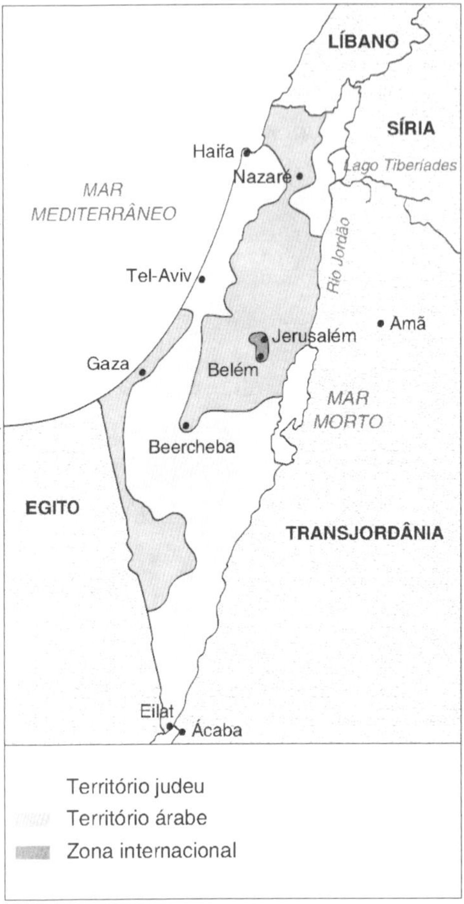

Partilha pela ONU (1947).

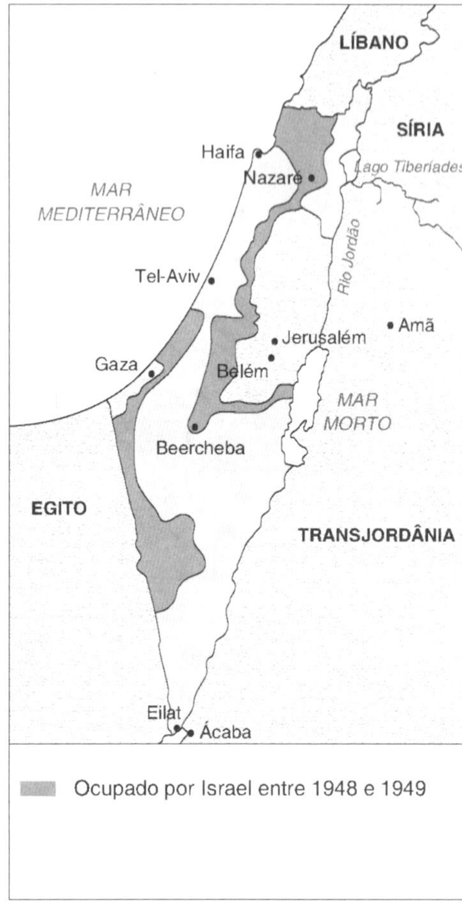

Territórios ocupados (1949).

Mal equipados, destreinados, os exércitos árabes foram derrotados pelos sionistas. E o Estado de Israel, que pela partilha da ONU deveria ter 14.942 km^2 (com 497 mil árabes e 498 mil judeus), aumentou para 20.673 km^2, ocupando 78% do território palestino (contra 56,47%, previstos pela ONU). Já o Estado palestino, programado para ter 11.203 km^2 (42,88% da Palestina), com 725 mil árabes e 10 mil judeus, desapareceu do mapa antes mesmo de se constituir oficialmente.

Israel anexou 22% a mais do território palestino, a Jordânia se apossou da margem ocidental do Rio Jordão (a Cisjordânia, com

5.295 km^2 ou 20,5% da Palestina), enquanto a Faixa de Gaza (354 km^2 ou 1,5%) passou para a administração egípcia. Jerusalém (com 105 mil árabes e 100 mil judeus), a cidade santa de católicos, judeus e muçulmanos, foi dividida entre a Jordânia (setor oriental) e Israel.

SALEM, H. *Op. cit.*

Os Confrontos

Em 1956, Gamal Abdel Nasser, ditador egípcio, declarou seu propósito de utilizar o Canal de Suez, juntamente com a URSS, como arma na luta contra as potências ocidentais para as quais o Canal era de vital importância. Israel, apoiado pela França e Inglaterra, lançou-se em uma nova guerra, atacando o Egito e a Faixa de Gaza. Forças internacionais se mobilizaram, em particular EUA e URSS, para pôr fim ao conflito. Israel cedeu e as suas tropas voltaram para casa.

Na década de 1960, os EUA já apoiavam abertamente Israel, dando-lhes apoio financeiro e militar. Para os EUA, a aliança com Israel era estratégica, pois passou a ter um aliado superconfiável incrustado na maior área produtora de petróleo do mundo: o Oriente Médio. Além disso, a poderosa comunidade judaica instalada nos Estados Unidos, muitos recém-fugidos do conflito na Europa, apoiava integralmente as pretensões expansionistas israelenses.

A URSS, em contraponto ao apoio norte-americano, posicionou-se a favor de Egito, Síria e Jordânia, inimigos de Israel, países que formaram uma aliança militar contra Israel. Em 5 de junho de 1967, com a concentração maciça dos exércitos egípcio, sírio e jordano na fronteira de Israel e devido à campanha desencadeada nesses países com o objetivo declarado (como consta nas declarações de Nasser e de outros líderes árabes) de empurrar os judeus ao mar, aniquilando definitivamente o Estado de Israel, tropas israelenses avançaram nos territórios inimigos, a que eles chamavam de *faixa de segurança* israelense. Em apenas seis dias, Israel ampliou seu território apoderando-se da Faixa de Gaza, da Cisjordânia, das Colinas sírias de Golã e de Jerusalém Oriental. Essa guerra ficou conhecida como a Guerra dos Seis Dias.

Embora contando com apoio norte-americano, Israel foi condenado pela anexação e, em 22 de novembro de 1967, a resolução 242 do Conselho de Segurança determinou a devolução dos territórios ocupados por Israel, e uma solução para os refugiados palestinos há mais de 20 anos recolhidos a campos miseráveis. Israel exigiu seu reconhecimento como Estado pelos países árabes.

Até os dias de hoje, os países árabes não incorporaram os refugiados nem lhes deram condições de vida digna, mantendo-os segregados em campos de refugiados (miseráveis, mesmo sendo financiados pelas Nações Unidas – ONU), além de forçá-los a buscar trabalho e sustento em Israel, perpetuando dessa maneira a relação de dependência que alimenta o ódio a Israel.

O apoio dos EUA a Israel instigou o ódio de muitos árabes contra os norte-americanos.

Adaptado de: *Le Monde Diplomatique*. Dictionnaire de Geopolitique.

Israel em 1967.

Em 1973, os países árabes que perderam territórios para Israel iniciaram uma nova guerra para reconquistá-los, aproveitando-se do Yom Kippur, uma das principais datas religiosas e feriado nacional para os judeus. A ofensiva árabe não foi bem-sucedida e, depois de apenas dezenove dias, o conflito armado terminou sem a retomada dos territórios ocupados e com a perda de outros.

Embora derrotados, os países árabes descobriram uma forma de pressionar o Ocidente pró-Israel através do petróleo. Os aumentos sucessivos de preços e o controle da produção da mais vital das fontes de energia e de matéria-prima atuaram como uma nova arma de guerra. Essa nova postura desestabilizou a economia mundial, principalmente a ocidental.

Antissemitismo

O conceito de antissemitismo pode parecer suficientemente claro de modo a tornar supérflua uma definição. Na realidade, se em sentido puramente linguístico não pode haver dúvida sobre o significado da palavra – "hostilidade em relação aos hebreus" –, no campo histórico, o termo foi e é aplicado a fenômenos inteiramente diferentes. Na verdade, não se pode considerar, de modo unitário, o antissemitismo antigo e medieval e o antissemitismo moderno, que se desenvolve a partir da segunda metade do século XIX, em relação com o nascimento do nacionalismo. Ainda, à parte, devem ser colocadas as correntes antissemitas que surgiram em alguns países após a Segunda Guerra Mundial, como é o caso da URSS e Estados árabes, conhecidos por suas manifestações de hostilidades para com Israel. Trata-se, de fato, de fenômenos bem diversos, que partem de causas econômicas e sociais bem distantes entre si. Nesse contexto, mais do que antissemitismo como um fenômeno unitário ou como uma categoria universal só pode levar-nos a conclusões a-históricas e aberrantes deste tipo: quase que entre as características dos hebreus estariam inseridos fatores que determinam a perseguição a eles uma "maldição", e coisas do gênero.

BOBBIO, N. *Op. cit.*

Os Palestinos

Relegados ao segundo plano na intrincada questão do Oriente Médio, não atendendo ao jogo de interesses das grandes potências na região e sua dispersão por diversos países árabes, os palestinos organizaram vários grupos de resistência, que se apoiaram na ação armada para legitimar a conquista de um objetivo comum, o Estado da Palestina.

Em 1959, começou a circular em Beirute uma revista intitulada *Nossa Palestina*, a qual conclamava os governos árabes a ajudar os palestinos a libertarem a Palestina dos sionistas. Os responsáveis por essa publicação, saber-se-ia mais tarde, eram militantes da Al Fatah, que acabara de se constituir como organização. O nome Al Fatah deriva das iniciais do original em árabe, Harakat Tahrir Filistin, de trás para a frente.

Em 1964, nasceu no exílio a Organização para Libertação da Palestina (OLP). Em fevereiro de 1969, realizou-se no Cairo o V Congresso Nacional Palestino, em que aconteceu uma virada na OLP: a Al Fatah, adepta da luta armada, conquistou a hegemonia do Comitê Executivo e Yasser Arafat assumiu a presidência da OLP, que tinha como palavra de ordem: implantação na Palestina de um "Estado democrático e laico para judeus, cristãos e muçulmanos".

A partir daí, o clima de tensão entre palestinos e judeus aumentou consideravelmente, chegando a momentos mais delicados quando, em 1970, a OLP transferiu suas bases para o Líbano, de onde atacava Israel, praticando atos terroristas a partir da fronteira com o sul do Líbano. Israel endureceu suas posições e a luta tomou grandes proporções. Em 1982, Israel invadiu o Líbano.

> (...) a invasão do Líbano pelas forças israelenses em junho de 1982 trouxe um dado novo à realidade interna de Israel. Pela primeira vez em sua história, num momento de guerra, verificam-se manifestações de repúdio no país contra a atuação do governo e forças armadas. (...)
>
> A guerra do Líbano, desfechada pouco depois de Begin sofrer quase uma derrota no Parlamento e com a clara intenção de forçar os palestinos a engolirem a solução Camp David (autonomia limitada), fez com que se desenvolvesse um movimento sem precedentes da oposição dentro do Estado de Israel. Movimento que se intensificou ainda mais após o massacre perpetrado pelas forças falangistas cristãs libanesas nos campos de refugiados de Sabra e Chatila, em Beirute Ocidental, com a cumplicidade das tropas israelenses que ocupavam a cidade, dirigidas pelo ministro da Defesa Ariel Sharon e o premier Menahem Begin.
>
> SALEM, H. *Op. cit.*

A ofensiva da milícia cristã libanesa nos campos de refugiados de Sabra e Chatila não figura apenas como mais um incidente nas relações entre Israel e Palestina, e sim como um crime contra a humanidade.

Os relatos vividos pelo jornalista e "arabizante" Amnon Kapeliouk, nascido em Jerusalém, membro do comitê de redação do *New Outlook* de Tel-Aviv e colaborador-correspondente do *Le Monde,* são como se um filme de terror ocupasse toda a imaginação, com uma narrativa assustadora, misturada com o assombro provocado pelas sensações de ódio, medo e indignação pelo qual todo ser humano, pleno de sua sensibilidade, pode experimentar, diante de requintes de crueldade.

> Desde o início, o massacre adquire proporções consideráveis, segundo afirmam os que escaparam. Durante essas primeiras horas, os milicianos falangistas [libaneses] matam centenas de pessoas. Atiram sobre tudo aquilo que se move nas ruelas. Arrebentando as portas das casas, liquidam famílias inteiras em pleno jantar. Muitos são mortos de pijama, em sua própria cama. Em numerosos apartamentos, crianças de 3 ou 4 anos são encontradas, também de pijamas, enroladas em cobertores ensanguentados. Mas, frequentemente, os assassinos não se contentam em matar. Em diversos casos, cortam os membros de suas vítimas antes de liquidá-las.
>
> Esmagam contra a parede a cabeça das crianças e dos bebês.
>
> Mulheres e até meninas são violadas antes de serem assassinadas a golpes de machado. Às vezes, propositadamente, deixam vivo um só membro da família, matando os outros à sua frente, para que o infeliz possa, em seguida, contar o que viu e viveu. Também não distinguem entre cristãos e muçulmanos, libaneses e palestinos. Todos os que vivem nos acampamentos de refugiados devem ter o mesmo fim.
>
> (...) No bairro de Hoch Tabet, em Chatila, toda a família Mikdad é assassinada, desde o início dos massacres. Originária de Kesseruana, essa família morava em Chatila há mais de trinta anos. Seus 45 membros, homens, mulheres e crianças, são executados sem exceção, alguns degolados, outros estripados. Entre eles uma mulher de 29 anos, chamada Zeinab, no oitavo mês de gravidez. Abrem-lhe o ventre, tiram-lhe o feto e o colocam nos braços de sua mãe morta.
>
> KAPELIOUK, A. *O Massacre de Sabra e Chatila.* Belo Horizonte: Vega, 1983.

As Organizações Terroristas Palestinas

Durante os anos de 1969 a 1973, o mundo foi sacudido por uma intensa atividade terrorista, que tinha à frente algumas das organizações palestinas, destacando-se a Frente Popular para a Libertação da Palestina. A época foi marcada por sequestros de aviões, atentados à bomba nos aeroportos, pelo massacre em Munique, durante as Olimpíadas de 1972, quando parte da delegação israelense foi assassinada por ativistas palestinos da organização "Setembro Negro". Nos anos de 1980, surgiram movimentos integristas islâmicos influenciados pela Revolução Iraniana de 1979, quando líderes religiosos islâmicos derrubaram a ditadura pró-ocidental e implantaram a República Islâmica, um regime teocrático em que Estado e religião se confundem.

Sob esta denominação, várias facções palestinas islâmicas, Harakat, Al-Jihad, Al-Islami, Al-Filastini, surgiram a partir de 1979 nos territórios ocupados, principalmente sob a influência da revolução islâmica iraniana e devido ao crescimento da militância islâmica na região.

O JIP [Jihad Islâmico Palestino] foi fundado em 1979-1980 pelos estudantes palestinos do Egito, que eram uma dissidência da Fraternidade Muçulmana da Faixa de Gaza. Seus integrantes foram fortemente influenciados pela revolução islâmica iraniana de um lado, e de outro pela radicalização e militância das organizações estudantis islâmicas do Egito.

Seus fundadores, Fathi Shqaqi, 'Abd al-'Aziz 'Odah e Bashir Musa, estavam desapontados com o que entendiam ser uma moderação da Fraternidade Muçulmana Egípcia, e com o que eles consideravam um descaso com a questão palestina. Assim, Shqaqi e Musa propuseram um novo programa ideológico que se tornaria a base de uma nova organização. Eles alegavam que a unidade do mundo islâmico não era uma precondição para a libertação da Palestina e sim que a libertação da Palestina pelos movimentos islâmicos era a chave para a unificação dos mundos árabe e islâmico. Em outras palavras: o jihad [Guerra Santa] para a libertação da Palestina pelos movimentos islâmicos introduziria o esperado jihad para a reconstrução de um estado islâmico maior.

A admiração que os três militantes palestinos nutriam pela revolução islâmica do Irã era ímpar se considerarmos que os movimentos islâmicos eram em sua maioria sunitas. Eles consideravam a revolução iraniana como um modelo para o mundo árabe e aceitavam o princípio da "liderança dos homens de religião", embora este fosse um conceito xiita. Shqaqi foi também o primeiro no mundo árabe sunita a escrever em março de 1979 um livro onde ele glorificava Khomeini e sua revolução, que foi proibido pelas autoridades egípcias.

Este grupo de estudantes palestinos manteve estreitas relações com os estudantes radicais egípcios, alguns dos quais estavam envolvidos no assassinato do presidente Sadat, em outubro de 1981. Como resultado, os radicais palestinos islâmicos foram expulsos do Egito e retornaram à Faixa de Gaza, onde formalmente começaram sua atividade como a organização Jihad Islâmico.

Esta facção envolveu-se em atividades subversivas nos territórios ocupados nos anos 80. Durante o ano de 1987, antes da primeira Intifada, ela realizou vários ataques em Gaza. Em agosto de 1988, os dois líderes da organização, Shqaqi e 'Odah, foram expulsos do Líbano, onde Shqaqi tinha reorganizado a facção, mantendo contatos estreitos com membros da Guarda Revolucionária do Irã, estacionada no Líbano, e com o Hezbollah. Shqaqi ampliou as conexões políticas da organização e tornou-se um membro proeminente da nova Frente de Rejeição que, sob influência síria, surgiu depois dos acordos de Oslo.

Shqaqi foi morto em outubro de 1995, em Malta, supostamente por agentes israelenses. Seu sucessor é o Dr. Ramadan Abdullah Shallah, que morou muitos anos na Flórida e se mudou para Damasco no início de 1996. Shalah não tem o carisma e as habilidades de Fathi Shqaqi e isto acabou influenciando a posição da organização.

O grupo é ativo no cenário político dos territórios ocupados, principalmente na Faixa de Gaza, entre os estudantes e intelectuais. Até a fundação da Autoridade Palestina, em 1994, o Jihad Islâmico não tinha conexão com o Hamas e era visto como rival em Gaza. Desde então, e principalmente depois de o Hamas ter iniciado a estratégia de ataques suicidas, houve alguma cooperação operacional entre os dois grupos na realização de ataques como o de Beit-Lyd, em fevereiro de 1995, ou na coordenação simultânea de ataques terroristas. A morte de Shqaqi minou a posição da organização nos territórios e o Hamas já não encara o Jihad Islâmico como um rival ameaçador.

O grupo [Jihad Islâmico] tem escritórios em Beirute, Damasco, Teerã e Cartum, mas sua atividade está centrada no Líbano, onde existem centenas de membros palestinos. Também exerce alguma influência na Faixa de Gaza, principalmente na Universidade Islâmica, mas não de forma a ameaçar a posição do Hamas como a primeira organização islâmica palestina. Durante os anos 80 vários outros grupos se formaram do Jihad Islâmico palestino, mas o ramo principal que sobreviveu foi o grupo fundado por Shqaqi.

Contemporaneous. n. 72. Chicago, May 1999.

O Jihad Islâmico e o Hamas são movimentos integristas palestinos que se opõem de maneira mais radical a Israel, país contra o qual lançam operações suicidas.

As duas organizações surgiram nos anos 80, mas o Jihad Islâmico precedeu o Movimento de Resistência Islâmica (Hamas). Criado em 1980 e de inspiração pró-iraniana, o Jihad Islâmico foi a primeira organização integrista palestina a se envolver na luta armada. Está indiretamente vinculada à origem da primeira Intifada (1987--1993). A morte de quatro de seus membros no dia 6 de abril de 1987, em uma emboscada israelense, provocou uma primeira onda de revoltas.

Enquanto o Jihad é uma pequena organização militar, o Hamas, cujo chefe espiritual é o xeque Ahmed Yassin, libertado em 1997 por Israel depois de oito anos de detenção, se apoia em uma rede de ajuda social e obras beneficentes. Violentamente contrário aos acordos de paz de Oslo de 1993, assim como o Jihad, o Hamas pretende continuar seu combate até a criação de um Estado islâmico em toda a Palestina, incluindo Israel. Seu braço armado, o grupo Ezzedin al Qassam, é responsável pelos atentados anti-israelenses mais sangrentos dos últimos anos, inclusive o que causou 21 mortos em junho [de 2001] em uma discoteca de Tel-Aviv.

Em fevereiro e março de 1996, o Hamas perpetrou três dos quatro atentados suicidas que causaram mais de 50 mortos em Israel, contribuindo para um bloqueio do processo de paz e para o retorno da direita nacionalista ao poder. No âmbito político, o Hamas é o principal movimento de oposição à Autoridade Palestina do presidente Yasser Arafat, embora as relações entre eles tenham melhorado muito desde o início da segunda Intifada, no dia 28 de setembro [de 2001].

Disponível em: <http://www.terra.com.br/noticias/especial/terroreua/jihad2.html>. *Acesso em:* 2 jun. 2002.

Begin e Arafat têm trajetórias bastante parecidas – ambos dedicaram a juventude à luta pela criação de um Estado para o seu povo. Ambos explodiram bombas, mataram uma porção de civis e espalharam pânico. Ambos conseguiram chamar a atenção da comunidade internacional para suas causas graças à violência, e acabaram escolhidos líderes de seus povos depois de abandonarem o terrorismo.

Por fim, ambos foram agraciados com o Nobel da Paz por conseguirem uma trégua no conflito que ajudaram a começar. Mas Begin e Arafat têm uma diferença significativa: estão em lados opostos. (Begin liderava o Irgun, grupo terrorista judaico dos anos 40 que pretendia expulsar os ingleses da Palestina e criar o Estado de Israel. Acabou se tornando primeiro-ministro do país e ganhou o Nobel de 1978, pelo acordo de paz com o Egito. Arafat criou a Al Fatah, a primeira das organizações islâmicas a explodir bombas na Israel de Begin. Terminou como chefe da Autoridade Palestina e ganhou o Nobel de 1994, pela paz – breve – obtida com Israel.)

BUGIERMAN, D. R. Existe Terrorismo Bom? *Superinteressante*. São Paulo: Abril, out. 2001.

A Intifada de 1987

Em 1987, no dia 8 de dezembro, um veículo militar israelense abalroou um táxi em que estavam quatro palestinos, ferindo-os seriamente. Esse fato fez com que explodisse uma rebelião palestina contra Israel, que teve início nas áreas ocupadas. Iniciada por jovens que jogavam pedras nas tropas israelenses, se prolongou até 1993, com forte repressão, matando 1.258 palestinos, a maioria perdendo a vida durante a dispersão de manifestações. Essa revolta foi deflagrada porque o governo israelense se recusou a trocar os territórios ocupados pelo fim das "ações terroristas" dos grupos radicais islâmicos. A proposta "terras por paz" foi apresentada por Yasser Arafat e pelo rei Hussein da Jordânia.

Manifestantes palestinos se revoltam durante enterro de dois integrantes do Hamas, mortos após atacarem posto militar, matando quatro soldados israelenses na Faixa de Gaza (janeiro de 2002).

Quem quer que tenha visitado um acampamento palestino jamais se esquecerá das coisas que viu ou do desespero que sentiu: "barracos miseráveis", tetos de lata ou de ferro canelado, presos com pedras para fixá-los, paredes de alumínio comprimido, umas poucas plantas crescendo em latas enferrujadas, nuvens de moscas, o mau cheiro de animais e dos excrementos, as longas filas de mulheres à procura de arroz, querosene ou farinha; acima de tudo, o rosto dessas mulheres, gastos e de expressão vazia, exaustas de carregarem água e fardos pesados por anos a fio, crianças de olhos grandes e sujos, homens que empurram um passado sombriamente, sem dizer nada. Sim! É Langa, Wintervel, Soweto, Gugulethu ou coisa pior.

A vida de um refugiado palestino significa uma vida de perpétua degradação. Você é forçado a viver em cômodos estreitos, com tetos furados, divididos por caixas de cartolina. Em cada um vive uma família, não importa de quantas pessoas. Em alguns casos as pessoas moram agrupadas no mesmo cômodo há 15 anos. Para as crianças subnutridas não há lugar para brincar, para os homens não há emprego. Para os agricultores que uma vez trabalharam sua própria terra é uma escolha entre o desemprego ou a compra de um bilhete de loteria; as mulheres esperam em filas implorando por um punhado de arroz e açúcar, e as crianças, descalças, tentam vender chicletes aos motoristas que passam. Dezembro de 1987 foi o ponto decisivo, quando o medo foi proibido, as pedras foram levantadas e um sentimento de irreversibilidade se espalhou. Dali em diante, não haveria mais volta, a independência política tinha de ser declarada e o sacrifício tinha de ser feito.

Os ocupantes israelenses reagiram com uma ferocidade incomparável. O efetivo das tropas aumentou para 180.000 em Gaza e na Cisjordânia. Centenas de crianças foram mortas, milhares feridas e outras tantas internadas. Os palestinos foram presos, deportados, expropriados de suas terras, sofreram punições coletivas, tiveram suas casas demolidas, toque de recolher e expedições militares.

No entanto, o êxito da intifada foi sem precedentes e de grande alcance. Visto que os protestos contra os ocupantes eram esporádicos e geográfica e socialmente limitados, convocações para o ataque após a intifada surgiram por todos os territórios ocupados. A luta pela libertação foi transferida dos países árabes vizinhos para a Palestina ocupada, diminuindo, assim, a influência dos líderes árabes corruptos e servis. Colaboradores das forças de ocupação foram cerceados e aos poucos tornaram-se inúteis porque todo o povo dos territórios ocupados juntou-se como um bloco em oposição à ocupação.

OSMAN, F. *Media Review Network*. Joanesburgo, 2000.

Foi somente no início dos anos 1990 que ganhou força a via política diplomática, levando às negociações entre as partes em litígio, substituindo a confrontação militar constante. Em grande parte, a negociação política só foi possível devido ao fim da Guerra Fria, à neutralização do Iraque – grande financiador da OLP após a Guerra do Golfo (1990) – e à pressão norte-americana contra o radicalismo israelense. Incentivados pelo presidente democrata norte-americano, Bill Clinton, os encontros diplomáticos propiciaram o reconhecimento mútuo entre Israel e OLP e, em 1993, a assinatura de acordos de paz (Acordos de Oslo), ratificados em 1998 pelo de Wye Plantation, em Washington, entre representantes de Israel, o primeiro-ministro Yitzhak Rabin, e da Palestina, Yasser Arafat. Nesses acordos, os judeus comprometiam-se a entregar parte dos territórios ocupados e os palestinos retirariam de sua Carta o item que prevê o fim da existência do Estado de Israel.

Yasser Arafat (à esq.) e Yitzhak Rabin em encontro diplomático, em busca de acordos de paz.

Os acordos desagradaram às alas radicais de ambos os lados. Entre os pontos de discórdia estavam a questão dos assentamentos judaicos nas áreas ocupadas e a dos refugiados palestinos, e a possível volta destes para seus antigos territórios, a delimitação exata das fronteiras e os ressentimentos de dezenas de anos.

Apesar das dificuldades, parte dos acordos estava sendo cumprida. Porém, em 1995, um fanático israelense de extrema-direita assassinou Yitzhak Rabin, por discordar da aproximação com os palestinos. Foi mais um duro golpe contra a normalização e a pacificação da região.

A oposição ortodoxa religiosa israelense e de extrema-direita, com seu discurso retrógrado, foi tomando vulto após a morte de Rabin, posicionando-se visceralmente contra os acordos. O Likud, partido de direita, venceu as eleições, aliado à ala ortodoxa religiosa. Benyamin Nethanyahu tornou-se o primeiro-ministro e interrompeu a execução dos acordos de paz. Novas eleições foram marcadas e vencidas pelo trabalhista Ehud Barak, que retomou o processo de paz, apresentando uma proposta considerada ampla demais pela direita israelense.

Ariel Sharon.

Em setembro de 2000, Ariel Sharon, ex-ministro da Defesa de Israel, líder do Likud, em uma clara provocação aos palestinos, foi à Esplanada das Mesquitas, em Jerusalém, um lugar sagrado para os muçulmanos. O resultado foi tenebroso. A provocação deu início à segunda intifada, o enfraquecimento de Barak e novamente a interrupção do processo de paz. Novas eleições foram convocadas e Ariel Sharon foi eleito primeiro-ministro, marcando a volta da direita e da ortodoxia ao poder israelense.

Em 2002, os conflitos entre palestinos e israelenses se intensificaram. Os atentados suicidas em áreas de Israel deram a Sharon a oportunidade de tentar acabar de vez com a Autoridade Palestina, cujo presidente é Yasser Arafat, ou, no mínimo, expulsá-lo para longe. Apoiado pelo governo de George W. Bush, Sharon voltou à velha forma, como dizem alguns analistas internacionais, e colocou milhares de homens, tanques e todo o seu arsenal bélico nas ruas das faixas ocupadas por Israel para caçar e aniquilar os "terroristas".

Yasser Arafat.

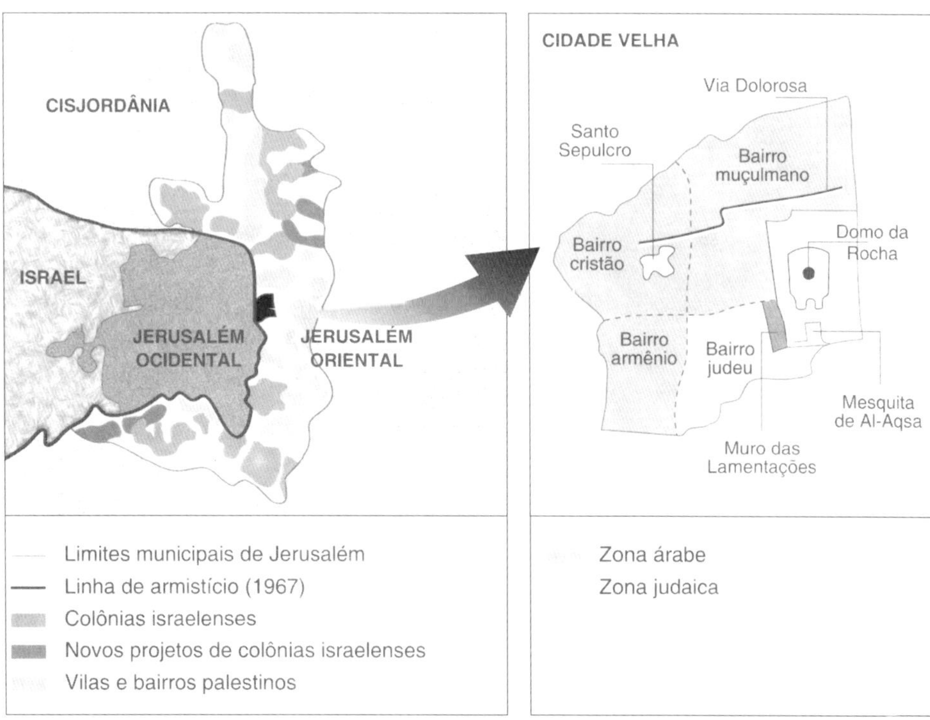

Adaptado de: *Le Monde Diplomatique*. Dictionnaire de Geopolitique.

Localização de Jerusalém Ocidental. Em destaque, a divisão da Cidade Velha.

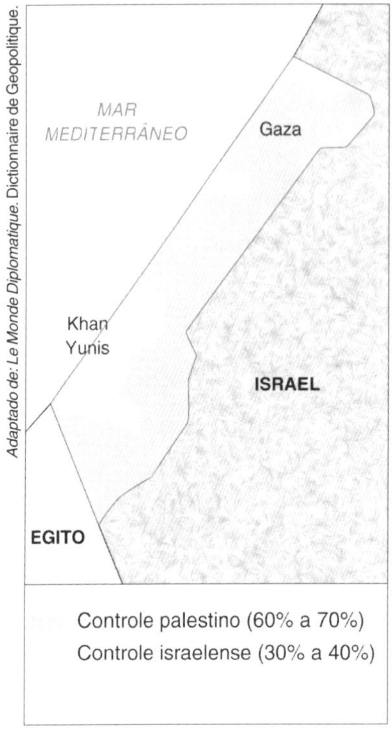

Faixa de Gaza.

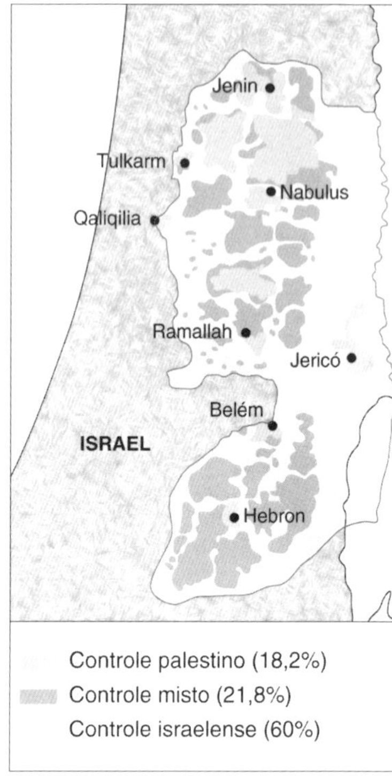

Cisjordânia.

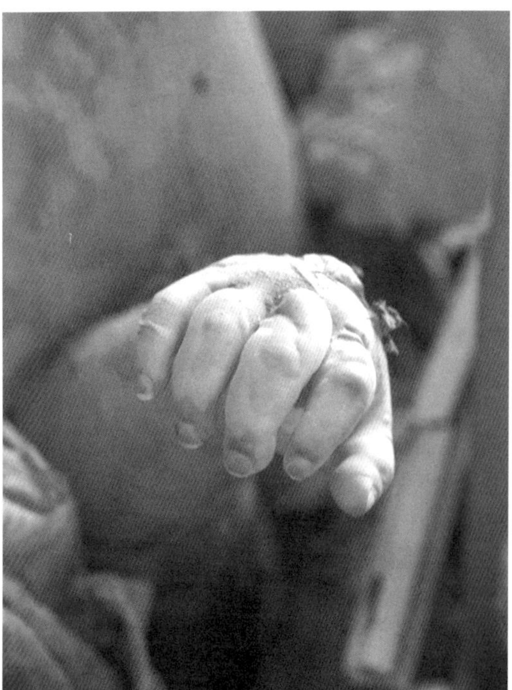

A atitude israelense chocou o mundo e provocou intensa reação da comunidade internacional, inclusive com a condenação expressa do Conselho das Nações Unidas, do qual os EUA são membros, que exigia que Israel deixasse as cidades tomadas por suas tropas. Por outro lado, mesmo durante a ofensiva militar, os atentados contra Israel continuaram.

Os atentados suicidas palestinos continuam a ceifar vidas e a deixar centenas de civis feridos em Israel.

Foram apenas três horas. Três preciosas horas em que os soldados israelenses suspenderam o toque de recolher em Ramallah na terça-feira passada. Assim que a notícia foi comunicada aos palestinos pelos alto-falantes dos tanques, a população começou a sair de casa. Durante cinco dias, 100.000 moradores tinham sido impedidos de ir às ruas de uma das poucas cidades palestinas de classe média, uma ilha de prosperidade numa região onde metade dos habitantes sobrevive com menos de 2 dólares por dia. Quando tiveram a oportunidade, as pessoas foram cuidar das tarefas mais urgentes, como conseguir água e comida. Entre todas, uma indispensável, enterrar os mortos. Muitas famílias tiveram parentes baleados dentro de casa nos tiroteios e não puderam sair para enterrá-los. Eles ficaram na sala ou nos quartos, cobertos de cal para diminuir a velocidade de putrefação dos corpos. Mesmo no ambiente de confronto permanente entre judeus e palestinos, a situação dos últimos dias é uma exceção. "Quem era moderado havia dois meses se tornou radical. Quem era radical apenas no discurso está pronto para matar. Isso vale para os dois lados", disse a VEJA George Friedman, estudioso americano que dirige o Stratfor, um instituto de inteligência privada com informantes nos países-chave do Oriente Médio.

A guerra civil acirrou os ódios. O confronto aniquilou a rudimentar economia dos palestinos e cobrou uma conta altíssima também dos israelenses. Quase trinta hotéis de classe internacional fecharam suas portas em Israel no ano passado. [...]

Ariel Sharon está feliz da vida. O semblante grave e o tom dramático que tem usado para se dirigir a Israel e ao mundo mal disfarçam a realidade. Aos 73 anos, ocupando um posto que sempre sonhou alcançar – e que ninguém jamais imaginou que viesse a conseguir devido ao seu currículo de atrocidades –, o primeiro-ministro de Israel está fazendo o que sempre quis fazer: implodir todas as possibilidades de um acordo de paz que, para merecer esse título, precisa permitir a criação de um Estado palestino. Sharon é um homem rude e inflexível, mas não rejeita a paz por maldade intrínseca. Ele tem a profunda e inabalável convicção de que um acordo com os palestinos é fundamentalmente ruim para Israel. Muita gente pensa como Sharon e há de fato argumentos em favor dessa teoria: permita-se um país para os palestinos grudado em Israel e, como já se delineou no regime de semiautonomia de Yasser Arafat, os partidários da violência vão querer mais e mais, sempre embalados pelo sonho secreto de jogar os judeus no mar. A única opção, desse ponto de vista, é não ceder, jamais, nada, não entregar um único centímetro de terra palestina considerada importante para Israel, manter os adversários árabes sob sufoco constante – e quando as pressões em contrário aumentarem, melar o jogo. [...]

[...] Em sua autobiografia, intitulada Guerreiro, Sharon cita com admiração as últimas palavras de um militante sionista enforcado nos anos 40, durante o mandato britânico na região: "Bem lá no fundo, vocês sabem que a aspiração da nação judia por liberdade nunca será aniquilada, seja pelo assassinato, pela tortura ou pela forca". Estava certo. Troque-se o período histórico, a potência dominante e a palavra "judia" por "palestina". A situação em que o general Sharon meteu Israel parece não ter solução pelo caminho que ele escolheu.

A escalada da violência na região é impressionante. Só em março deste ano [2002], 115 israelenses morreram pelas mãos de terroristas. Esse número representa mais que um quarto do total de vítimas do ano passado inteiro.

Quem não está enfronhado na história do conflito pode ser levado a acreditar que os atos terroristas são uma saída legítima, ainda que irracional, para a justa aspiração de uma pátria palestina. É um equívoco. Os atentados só fazem fortalecer politicamente os integrantes da ala belicosa de Israel, capitaneados por Ariel Sharon, que pregam o uso da força e desejam rever os acordos de paz firmados no passado. Além disso, a maioria dos grupos radicais que lançam mão do terrorismo não quer apenas conquistar um território para os palestinos. Quer também a destruição de Israel e a formação de um Estado islâmico, nos moldes que existem no mundo árabe. Para esses radicais, qualquer possibilidade de paz com o inimigo significa um revés. Os homens-bomba, portanto, recrutados entre os jovens, não são fruto apenas do desespero, mas de uma estratégia perversa, que visa aniquilar qualquer perspectiva de convivência entre palestinos e israelenses.

Veja. São Paulo: Abril, 10 abr. 2002.

Os Grupos Armados Palestinos em 2002

Os Nacionalistas

1. Brigadas dos Mártires de Al Aqsa

Quem são: grupo dissidente radical do Fatah, partido político de Yasser Arafat. Surgiu após o início da Segunda Intifada (setembro de 2000) e é hoje responsável por cerca de 70% dos ataques contra israelenses [civis].

Quantos são: Cerca de 1.000 integrantes.

Objetivos: conquistar um Estado palestino independente; obrigar Israel a fazer concessões em futuras negociações de paz, como a retirada de colônias judaicas e o retorno dos refugiados palestinos.

Ações: inicialmente, disparavam contra militares israelenses e colonos judeus nos territórios ocupados; recentemente, passaram a usar atentados suicidas também, usando inclusive mulheres-bomba.

2. Tanzin

Quem são: braço armado do Fatah, criado em 1995 por Arafat para contrabalançar o crescente poder de grupos extremistas islâmicos, como o Hamas.

Quantos são: podem chegar a dezenas de milhares, já que conta com integrantes de outros grupos, como as forças de segurança da Autoridade Palestina.

Objetivos: sua ideologia é nacionalista. Seus membros são vistos como a vanguarda do futuro Estado palestino, dispostos a usar armas numa batalha por sua conquista. Nessa luta, fará frente aos que desejam um Estado Islâmico.

Ações: desde outubro de 2000, figuram nas linhas de frente do combate com tropas de Israel. Foi responsável por atentados a tiros a colonos judeus, além de cooperar em ações terroristas suicidas.

Os Extremistas Islâmicos

1. Hamas

Quem são: organização extremista islâmica surgida em 1987, no início da primeira Intifada. Possui uma ala política e outra militar.

Goza de grande popularidade já que, além de enfrentar Israel, presta serviços como creches, escolas e hospitais.
Quantos são: sua ala militar tem de 200 a 300 membros, que recrutam jovens dispostos a morrer em atos suicidas.
Objetivos: destruir Israel e estabelecer um Estado palestino tendo a *sharia* (código islâmico) como legislação.
Ações: foi o grupo introdutor dos atentados suicidas ao conflito. Já realizou dezenas de ações do gênero, além de ataques a tiros.

2. Jihad Islâmico

Quem são: organização pequena, de atuação parecida à do Hamas. Assim como outro grupo extremista islâmico, recebe apoio do Irã.
Quantos são: segundo estimativa, menos de 100 militantes, o que limita suas atividades, mas também dificulta a sua repressão.
Objetivos: os mesmos do Hamas. Promover um confronto armado que resulte na eliminação de Israel e na criação de um Estado islâmico palestino.
Ações: o jihad, apesar de pequeno, é conhecido pela repercussão de suas ações – em geral atentados suicidas organizados, por vezes, em cooperação com o Hamas.

Folha de S.Paulo, São Paulo, 7 abr. 2002. p. A26.

O 11 de Setembro

6

O dia 11 de setembro de 2001 poderia ter sido igual a outro qualquer. Mas não foi. No alvorecer desse dia, 19 pessoas embarcaram em aeroportos da Costa Leste dos Estados Unidos, em quatro aviões diferentes, para uma viagem sem volta. Esses passageiros eram todos de origem árabe, segundo as informações da CIA e do FBI. Eles tinham uma missão aparentemente impossível de ser cumprida (e também obedecida): lançar os aviões cheios de combustível sobre símbolos norte-americanos. Isso significava morrer junto com os demais passageiros, provocar sérios danos materiais, causar a morte de pessoas que trabalhavam nos alvos antecipadamente escolhidos, e ferir os Estados Unidos da América em seu âmago, em seu orgulho, atacando inesperadamente o território norte-americano.

Sem que ninguém esperasse, um avião, como um míssil dirigido, atingiu a primeira torre das *Twin Towers* (*World Trade Center*), em Nova York. Vinte minutos depois, um segundo avião atingiu a outra torre. Todos olhavam atônitos; as televisões transmitiam a cena ao vivo, aparentemente restrita aos efeitos especiais dos filmes de Hollywood. Os andares mais altos desprendiam fogo, rolos de fumaça negra, vidros estilhaçados. Pânico. Lágrimas. Mortes. Caos.

Momentos depois, mais terror: o Pentágono, quartel-general militar e da defesa norte-americana, também havia sido atingido por outro avião e ainda havia um quarto avião sequestrado voando no Estado da Virgínia, sem que as autoridades soubessem para onde se dirigia. Mais mortes, destruição, pânico.

As informações desencontradas alarmavam ainda mais a população norte-americana e deixavam o resto do mundo em uma altíssima tensão. O quarto avião caiu, aparentemente derrubado por uma luta entre passageiros e sequestradores. Alguns passageiros desse fatídico voo conseguiram fazer ligações pelos celulares para seus parentes. Ao que tudo indica, eles se insurgiram contra os sequestradores e a aeronave caiu em uma zona rural do estado da Virgínia.

O mundo todo assistiu ao vivo às inacreditáveis cenas que se seguiram aos impactos. De repente, uma das torres atingidas desabou; logo em seguida, a outra. Os edifícios, símbolos de Nova York, com mais de 500 metros de altura, desabaram, deixando milhares de mortos sob seus escombros e provocando uma nuvem de cimento e fuligem que cobriu a cidade.

O mundo se perguntava: o que levou essas pessoas a realizar um ato de tal envergadura, com uma logística tão apurada? Os indícios apontavam para terroristas fundamentalistas islâmicos, que nas últimas décadas realizaram vários atos terroristas contra alvos daquele que designam seu maior inimigo: os Estados Unidos.

Tevês, rádios e jornais acompanhavam o desenrolar dramático dessas cenas inacreditáveis. Logo, porta-vozes do governo americano apontaram os principais suspeitos: terroristas da rede Al Qaeda, comandada pelo milionário saudita Osama bin Laden, inimigo declarado dos EUA desde a Guerra do Golfo e nessa época vivendo no Afeganistão, tendo sido acolhido pelos dirigentes fundamentalistas islâmicos que governavam o país.

O Fundamentalismo Islâmico

Todas as sociedades buscaram encontrar no sobrenatural, na crença em forças superiores, e mesmo nas religiões, uma maneira de sublimar a condição mortal e finita do ser humano, ao menos como matéria.

Em diversos momentos da História, os homens seguiam literalmente o que os seus profetas e líderes pregavam. Estamos falando de fundamentalismo religioso que, no final do século XX, ressurgiu com grande força política, principalmente no mundo árabe. É importante ressaltar que, para os muçulmanos, a submissão perante o seu Deus, Alá, é o que une os indivíduos, muito mais do que qualquer sentimento de nacionalidade ou de Estado-nação. O fundamentalismo islâmico é uma forte identidade que deseja que todos sigam à risca a vontade de Alá, expressa no Corão.

> Movimento que usa a religião como fundamento de posições políticas, o fundamentalismo é também uma tentativa de conservar tradições, opondo-se a qualquer tipo de modernização. Embora todos os fundamentalistas sejam fervorosos adeptos de suas religiões, nem todos os religiosos ortodoxos são fundamentalistas. Em Israel, por exemplo, são fundamentalistas aqueles judeus que justificam a violência contra os palestinos através do suposto direito bíblico de propriedade das terras da Cisjordânia. Os muçulmanos fundamentalistas, por sua vez, são aqueles que concordam em matar os considerados infiéis, usando o jihad (guerra santa) em nome da defesa dos princípios do Islã.
>
> REIS FILHO, D. A.; FERREIRA, J.; ZENHA, C. (Org.). *Op. cit.*

Para entendermos o fundamentalismo islâmico e suas repercussões no final do século XX e início do XXI, precisamos voltar ao ano de 1979. Naquele ano, fundamentalistas islâmicos liderados pelo aiatolá Khomeini, que vivia exilado em Paris por se opor ao Xá do Irã, Reza Pahlevi, derrubaram o Xá. Pahlevi governava o país com o apoio norte-americano, instaurando uma rígida monarquia pró-ocidental, com o intuito de modernizar o Irã, aproximando-o do modelo ocidental capitalista. Nesse regime opressivo e ditatorial, a ocidentalização de costumes e choques com os princípios do islamismo, além da total falta de liberdade, fizeram com que crescesse a oposição a Pahlevi. O Xá foi derrubado com o apoio do clero islâmico mais radical e das demais forças de oposição. Em abril daquele ano foi instaurada a

Aiatolá Khomeini.

República Islâmica do Irã, sob a autoridade suprema do aiatolá Khomeini, que voltou triunfante do exílio francês. Nascia um governo teocrático e regido sob a *sharia* – o rigoroso código muçulmano – e o Corão.

Os Estados Unidos tornaram-se o grande inimigo do Irã, sendo chamados de *O Grande Satã*.

O fundamentalismo e o Estado teocrático iraniano influenciam parte do mundo árabe e propaga-se a ideia de Estados fundamentalistas, como também a da formação de grupos armados para apoiar tais ideias. Um desses grupos, por exemplo, é o Hezbollah libanês, financiado em grande parte pelo Irã.

Segundo os fundamentalistas islâmicos, eles devem se engajar em uma luta contra a ignorância e a falta de obediência das sociedades aos ensinamentos de Alá, sendo essa uma missão divina, organizada pelo profeta Maomé. Acreditam que, se necessário, devem usar o jihad (luta em nome do Islã) para alcançar seus objetivos.

Os Estados Unidos tornaram-se ícones do ódio dos fundamentalistas contra a civilização ocidental, para eles responsáveis por todo o mal e desvirtuamento da ética e do comportamento. Além disso, a posição norte-americana pró-Israel, sua política intervencionista internacional, seu incontestável poderio econômico, suas posições e ações imperialistas ajudaram a construir a imagem do terrível Satã.

Durante a Guerra Fria

Na disputa entre Estados Unidos e União Soviética pela hegemonia mundial depois da Segunda Guerra, uma série de conflitos regionais teve apoio direto ou indireto das grandes potências. Em um deles que envolveu Irã e Iraque, os Estados Unidos apoiaram o ditador iraquiano Saddam Hussein, inimigo mortal dos iranianos, que eram apoiados por Moscou. A relação tumultuada entre Irã e Iraque culminou em uma guerra entre esses dois países, que durou oito longos anos (1980-1988), causando a morte de aproximadamente 700 mil pessoas.

Após o término do conflito, Saddam mudou suas atitudes e, de aliado norte-americano, tornou-se o seu inimigo número 1, apoiando abertamente movimentos terroristas para combater os EUA.

Em 1990, o Iraque invadiu o vizinho Kuwait com o objetivo de se apossar de suas enormes reservas petrolíferas e não pagar uma dívida imensa contraída durante a guerra com o Irã. Diante desse fato, uma coalizão internacional liderada pelos norte-americanos e com o apoio de nações árabes, como a poderosa Arábia Saudita, invadiu o Iraque. Essa guerra ficou conhecida como a Guerra do Golfo. Em menos de 90 dias o Iraque foi derrotado.

A adesão dos países árabes contra Saddam não foi bem-vista por regimes e grupos radicais islâmicos. Entre os descontentes estava o milionário saudita Osama bin Laden, que não se conformava com o fato de a Arábia Saudita ter se aliado aos EUA e permitido que estes usassem seu território para atacar o Iraque. As posições de bin Laden, liderando uma campanha pública contra os norte-americanos, fizeram com que ele fosse expulso da Arábia. O milionário partiu para o Sudão e intensificou sua retórica antiamericana, elegendo os Estados Unidos o grande inimigo do Islã. A partir desse momento, bin Laden, líder da organização terrorista Al Qaeda, definiu como objetivo destruir os Estados Unidos e "todo o mal" que representam.

Anos atrás, no leito do Afeganistão, os EUA tinham financiado e apoiado essa mesma rede, que agora se virava contra os antigos aliados.

A Al Qaeda

Em 1979, os soviéticos invadiram o Afeganistão, um país com fortes características tribais, na tentativa de tê-lo sob sua influência. As tropas da antiga URSS, embora muito mais bem equipadas e armadas, encontraram grande resistência em território afegão, tendo sido derrotadas pelas milícias afegãs em 1989.

Nessa longa guerra, os EUA apoiaram e financiaram grupos guerrilheiros islâmicos de oposição a Moscou, os *mujahedins*. O milionário saudita Osama bin Laden e seus seguidores, apoioados pelos EUA, engajaram-se em 1982 na luta afegã contra os soviéticos. No Afeganistão, jovens recrutados em diversos países árabes eram treinados para ações terroristas, patrocinadas por bin Laden que se encontrava no Sudão. Os soviéticos foram derrotados em 1989, e as diversas facções continuaram uma terrível guerra civil.

Em 1996, os radicais da milícia islâmica fundamentalista talebã, formada por radicais clérigos, tomaram Cabul, a capital do Afeganistão, controlando cerca de 90% do território afegão. Instituíram um Estado islâmico fundamentalista e passaram a governar o país conforme a lei islâmica. Na interpretação literal da *sharia* (o rígido código islâmico), proibiram, entre outras coisas, que as mulheres saíssem às ruas sozinhas, sem a companhia de seu pai, marido ou irmão; deveriam estar sempre cobertas dos pés à cabeça com um véu chamado *burka* e foram proibidas de trabalhar e estudar.

Bin Laden, nesse momento, já tinha montado campos de treinamento terroristas para seus seguidores. Tendo sido descoberto no Sudão, buscou refúgio no Afeganistão. Os talebãs deram abrigo ao milionário saudita Osama bin Laden e a sua rede terrorista.

A Al Qaeda, segundo os serviços de inteligência ocidental, não tem uma estrutura vertical, hierarquizada. É formada por células relativamente independentes, responsáveis pela elaboração e execução dos atos de sabotagem e terrorismo. Dessa maneira, é muito mais difícil identificar seus membros e, na maioria das vezes, são planejadas ações sem que nenhuma outra célula tenha conhecimento. Acredita-se que, nas explosões das embaixadas norte-americanas na Tanzânia e no Quênia, em 1998, isso tenha ocorrido. Essas células também não vivem escondidas nos campos de treinamento afegãos. Alguns dos terroristas do 11 de setembro estudaram na Alemanha e viviam nos Estados Unidos regularmente, até mesmo fazendo curso de pilotagem em uma escola de instrução de voos, na Flórida.

O Inimigo Público Número 1!

As posições norte-americanas pró-Israel no intrincado Oriente Médio, bem como suas posições imperialistas, despertaram o ódio de grande parte do mundo árabe. A difusão da ideia de os Estados Unidos serem os responsáveis por todos os males fez com que o ódio a esse país crescesse, e que grupos financiados por governos notadamente antiamericanos – como a Líbia, o Sudão e a Síria – fizessem dos interesses norte-americanos seus alvos.

Vários atentados foram cometidos contra alvos norte-americanos nas décadas de 1980 e 1990. Alguns de grandes proporções foram atribuídos a terroristas islâmicos, entre eles o ataque às embaixadas dos EUA na Tanzânia e no Quênia, em 7 de agosto de 1998, com diferença de apenas 10 minutos entre eles. Esses ataques provocaram a morte de 258 pessoas e mais de 5 mil ficaram feridas. O ataque ao destróier da marinha americana *USS Cole*, em outubro de 2000, que estava ancorado e era abastecido na capital do Iêmen, matou 17 marinheiros e feriu mais de 30. Os dois últimos foram atribuídos à rede Al Qaeda. Depois dessas ações, bin Laden tornou-se o maior inimigo dos EUA.

Falta de Previsão?

Mas será que um país tão poderoso, com satélites espiões e mil outras opções tecnológicas e órgãos sofisticados de inteligência como a CIA, não pôde prever os atentados de 11 de setembro de 2001 contra os ícones do poderio econômico norte-americano (as torres gêmeas de Nova York), contra o Pentágono (órgão de decisão militar sediado em Washington) e contra um alvo desconhecido, pois o avião caiu em uma zona rural da Virgínia? Aparentemente, não. Mas vejamos o que o *Atlas de Relações Internacionais*, editado em 1996 pela francesa Hatier, publicou:

"A Guerra do Afeganistão viu passar mais de 10 mil voluntários árabes desde 1980. Formaram-se ligações ideológicas, religiosas, financeiras, que fazem pesar sobre o Afeganistão uma inquestionável ameaça. Mercenários do terrorismo, os 'afegãos' têm a capacidade de transformar os grupúsculos locais em grupos terroristas. Isto é verdadeiro também para a Argélia, Egito, Líbano, e os territórios palestinos. Também pode ser verdade para a Arábia Saudita. Em todos os casos, os 'afegãos' são usados em todas as guerras no Sul do Líbano, Bósnia, Iêmen, Tchechênia etc. – mas a tendência dos países árabes é a de enviar para o mais longe possível seus incontroláveis integrantes."

Suposta rede envolvendo o Afeganistão no final do século XX.

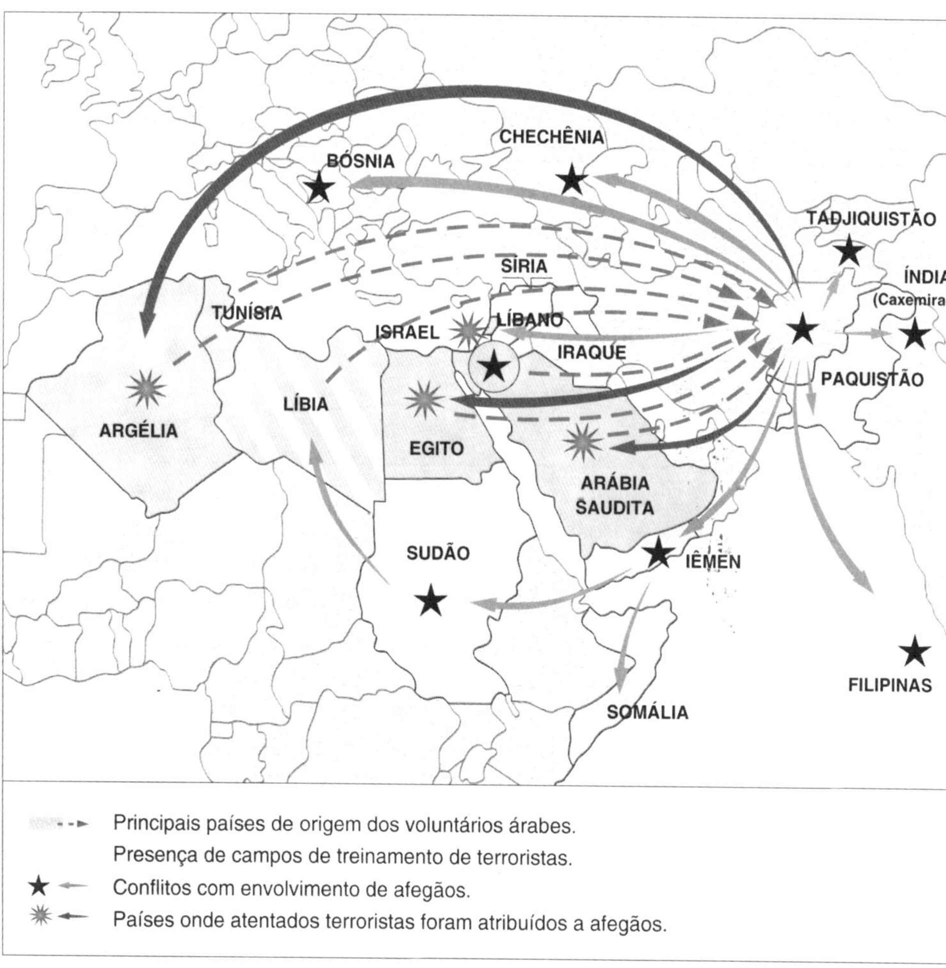

Adaptado de: *Atlas des Relations Internacionales*

Principais países de origem dos voluntários árabes.
Presença de campos de treinamento de terroristas.
★ Conflitos com envolvimento de afegãos.
✳ Países onde atentados terroristas foram atribuídos a afegãos.

A Resposta Americana ao Ataque de 11 de Setembro

Os Estados Unidos, em resposta, lançaram uma ofensiva antiterror de caça a Osama bin Laden, que se encontrava no Afeganistão, sob os auspícios da milícia talebã, a seus seguidores e a "todos" aqueles que o apoiavam, direta ou indiretamente.

Os Estados Unidos, sem relações com o Afeganistão, pediu ao Paquistão que solicitasse aos mulás afegãos a entrega de bin Laden. Os altos clérigos responderam que só tomariam tal atitude se os EUA comprovassem a culpa de bin Laden nos atentados. Diante disso, os Estados Unidos decidiram ir atrás daquele que julgavam o grande responsável pelos atentados. Com a ajuda de grupos de oposição local e uma coalizão internacional, liderada pela Inglaterra e pelos Estados Unidos, teve início a Guerra do Afeganistão. O acidentado e árido território afegão foi bombardeado e vasculhado atrás dos terroristas. O governo talebã caiu e bin Laden não foi encontrado, como desejavam os americanos: *vivo ou morto*.

O milionário saudita usou a mídia, ainda em 2001, aparecendo em vídeos previamente gravados, sem jamais assumir publicamente sua participação nos atentados, mas apoiando os "fiéis" que os praticaram. Os Estados Unidos, por sua vez, nunca admitiram que a ira que se ergue contra eles tem relação direta com sua política no Oriente Médio e a de apoiar grupos de oposição que atendam suas necessidades mais imediatas, e, como outros imperialistas, quando não interessa mais, abandonar seus antigos aliados à própria sorte.

O que leva pessoas a se disporem a morrer em atentados que intencionalmente acabam com as suas vidas? Muito tem se especulado que os extremistas do Hamas e do Hezbollah, por exemplo, são recrutados entre a população jovem, de baixa renda e sem instrução. Essa afirmativa parece não se encaixar aos terroristas do 11 de setembro, pois os presumíveis líderes do atentado eram de classe média, com nível universitário e tinham estudado fora de seus países de origem.

A concepção de mundo deles é muito diferente da ocidental, a religião tem um papel vital (e mortal) em suas vidas. Eles acreditam que tais ações suicidas lhes garantem o direito de ingressar no paraíso (como também, a seus familiares), onde 72 morenas virgens esperam o mártir morto em nome de Alá.

Talvez seja por isso que a família de um terrorista suicida colocou na entrada da casa pequenos cartazes com os dizeres: "Não aceitamos pêsames e sim, congratulações".

[...] Já no Alcorão, o livro sagrado dos muçulmanos, há uma passagem que diz que aqueles que morrem em defesa de Alá irão para o mais alto nível do paraíso, o sétimo, ao lado dos profetas, com direito a mulheres delicadas e cálices cheios. "Essas palavras são uma forma de explicar aos homens que o paraíso é um lugar maravilhoso", diz o xeque Jihad Hassan Hammadeh, líder da religião islâmica em São Paulo. Mas ele lembra que não há nenhuma promessa de paraíso para aqueles que usam a violência. "O texto é claro: quem mata um homem inocente age como se estivesse matando toda a humanidade", diz o xeque. "O Alcorão somente permite o uso da violência como legítima defesa, e, ainda assim, na mesma proporção do agressor, nunca incitando mais violência." Por essa visão, Mohamed Atta e os outros terroristas que participaram do atentado de 11 de setembro podem esquecer o paraíso islâmico pelo qual provavelmente decidiram morrer.

É claro que os terroristas interpretam as passagens do livro sagrado de uma maneira bem particular. Para quem estiver disposto a lutar na "Guerra Santa", a promessa do paraíso ganha alguns itens adicionais. O terrorista Abdallah Sakran, preso em 1996 antes de detonar uma bomba em Israel, afirma que não apenas lhe foi prometido o paraíso, como lhe disseram também que seus parentes e amigos teriam mais chances de chegar lá se ele morresse em ação. E não é só isso: o pacote pós-morte incluiria o direito a se casar com 72 virgens no paraíso e a 6.000 dólares para serem gastos aqui na Terra mesmo, pagos à sua família para ela tocar a vida até encontrá-lo no céu. "É uma interpretação distorcida do Alcorão que, aliada à pobreza e ao ódio nacionalista, se torna um apelo e tanto para que o terrorismo conquiste novos adeptos", diz o xeque Jihad.

El País, Madrid, 27 set. 2002.

7

O Terrorismo Avança no Leste

Uma das potências protagonistas da Guerra Fria, a URSS, detinha um Império de 17.075.400 km^2 e uma diversidade cultural que englobava etnias, religiões e idiomas distintos. A partir de sucessivas crises estruturais e tentativas frustradas para conduzir a URSS no caminho da estabilidade, o mundo se defrontou, no início da década de 90, com movimentos nacionalistas que fragmentariam definitivamente o grande Império.

A ideia do *Estado-partido* ficou enfraquecida com as tentativas de reformulação nos setores político e econômico. Essas tentativas se concretizaram nas reformas políticas (*Glasnost*) e econômicas (*Perestroika*) implantadas por Gorbatchev em 1991, que geraram uma reação dos comunistas resistentes às novas mudanças. A reação foi tal que culminou em um golpe de Estado, demarcando o fim da URSS e a criação das Comunidades dos Estados Independentes (CEI), formada por quinze novos Estados independentes e liderada pelo maior deles, a Rússia.

A autonomia dos novos Estados proporcionou o contato com forças políticas e sociais representadas pelos separatistas islâmicos, influenciados e apoiados pelos Estados muçulmanos vizinhos (Turquia, Irã e Afeganistão) na Ásia central.

Componentes explosivos, como religião e política, vão estabelecer uma onda de atos terroristas na região do Cáucaso na década de 1990.

Enquanto o mundo se recupera dos episódios de 11 de setembro, um novo atentado terrorista abala a opinião pública. Dessa vez, a região do Daguestão, sul da Rússia, foi vítima de extremistas.

Uma parada militar em comemoração à vitória soviética sobre os nazistas na Segunda Guerra terminou em tragédia. Um atentado no momento em que uma banda da Marinha passava pelo centro de Kapiisk, na República do Daguestão, matou ao menos 40 pessoas, entre as vítimas 12 crianças, além de deixar 150 feridos.

O conflito

- **1994-96** – A Rússia trava guerra com separatistas islâmicos da República da Tchetchênia, no Cáucaso. Milhares de civis e soldados morreram. Enfrentando forte resistência, Moscou retirou suas tropas e concedeu autonomia à região.
- **1999** – O Exército russo lança nova ofensiva. Seu governo afirma que os tchetchenos davam abrigo a rebeldes islâmicos, que pretendiam fundar um Estado fundamentalista independente no Daguestão, República russa vizinha à Tchetchênia.
- **A posição do governo** – O presidente russo, Vladimir Putin, se elegeu em 2000 prometendo combater o separatismo tchetcheno e o terrorismo. As críticas internacionais à Rússia por atrocidades na Tchetchênia diminuíram após os atentados de 11 de setembro nos EUA.

  Putin conquistou apoio americano afirmando que os tchetchenos estão ligados à Al Qaeda e que, assim como Washington, Moscou combate o terrorismo islâmico.

Folha de S.Paulo, São Paulo, 10 maio 2002.

Desde o final da década de 1990, Moscou e as cidades do sul da Rússia são alvos de uma onda de terrorismo ligada a movimentos separatistas islâmicos do Cáucaso.

Os desdobramentos geopolíticos ocorridos após a fragmentação da URSS levaram a Rússia a acusar os separatistas da República da Tchetchênia de apoiar rebeldes daguestaneses, que têm como objetivo a construção de um Estado islâmico independente de Moscou. Mesmo que os atentados sejam atribuídos a movimentos fundamentalistas e separatistas, é preciso considerar questões econômicas, uma vez que a região da Tchetchênia é rica em petróleo e gás, fato que fortalece a posição de Moscou no sentido de combater qualquer modelo autônomo.

O terrorismo dos últimos anos tem se intensificado, sendo opção política de grupos descontentes, e que sabem ter na mídia o principal meio de divulgação de suas ideias. Dessa forma, ações espetaculares tendem a ganhar mais espaço nos jornais e revistas e na televisão – ao vivo.

Bibliografia

AMNON, K. *O Massacre de Sabra e Chatila.* Belo Horizonte: Veja/Novo Espaço, 1983.

ARBEX JR., J. *Guerra Fria:* Terror de Estado, Política e Cultura. São Paulo: Moderna, 1997.

Atlas des Relations Internationales. Paris: Hatier, 1997.

BOBBIO, N. *Dicionário de Política.* Brasília: Editora Universidade de Brasília, 1986.

BOGDANOR, V. (Ed.) *The Blackwell Encyclopedia of Political Institutions.* New York: Oxford, 1987.

Brasil: Nunca Mais. Petrópolis: Vozes, 1985.

BRUIT, H. H. *O Imperialismo.* São Paulo: Atual, 1992.

CHIAVENATO, J. J. *O Golpe de 64 e a Ditadura Militar.* São Paulo: Moderna, 1994.

COURTOIS, S. *et al. The Black Book of Communism:* Crimes, Terror, Repression. EUA: Harvard, 1999.

EMILIANO, J.; OLDACK, M. *Lamarca, O Capitão da Guerrilha.* São Paulo: Global, 1986.

Enciclopédia Verbo do Direito e do Estado. Lisboa: Polis-Portucalense, 1997. v. V.

ESCALANTE, F. *La Política del Terror:* Apuntes para una Teoría del Terrorismo. México, D.F.: Fondo de Cultura Económica, 1991.

EVANS, A. E.; MURPHY, J. (Eds.) *Legal Aspects of International Terrorism.* Lexington: Heath, 1978.

FICHOU, J. P. *A Civilização Americana.* São Paulo: Papirus, 1990.

FRIEDLANDER, R. *Terrorism Documents of International and Local Control,* 3 v. Nova York: Dobbs Ferry, 1979-1981.

GABEIRA, F. *O que É isso, Companheiro?* Rio de Janeiro: Nova Fronteira, 1982.

GRAEL, D. M. *Aventura, Corrupção e Terrorismo:* à Sombra da Impunidade. Petrópolis: Vozes. 1985.

HOBSBAWM, E. J. *A Era das Revoluções* (1789-1848). Rio de Janeiro: Paz e Terra, 1982.

________. *A Era do Capital* (1848-1875). Rio de Janeiro: Paz e Terra, 1982.

________. *Era dos Extremos* – O Breve Século XX (1914-1991). São Paulo: Cia. das Letras, 1995.

HOURANI, A. *Uma História dos Povos Árabes*. São Paulo: Companhia das Letras, 1994.

KUPER, L. *Genocide*. New Haven: Yale University Press, 1981.

LAQUEUR, W. *Terrorism*. London: Weidenfeld & Nicolson, 1977.

MAGNOLI, D. *O Mundo Contemporâneo:* Relações Internacionais. São Paulo: Moderna, 1997.

MOSCA, G.; BOUTHOUL, G. *História das Doutrinas Políticas*. Rio de Janeiro: Guanabara, 1987.

NORTON, A. R.; GREENBERG, M. H. *International Terrorism:* an Annotated Bibliography. Boulder: Westview Press, 1979.

OKRENT, D. *et al. Nosso Tempo* – A Cobertura Jornalística do Século. São Paulo: Klick Editora; Jornal da Tarde, 1995.

PAES, M. H. S. *Em Nome da Segurança Nacional:* do Golpe de 64 ao Início da Abertura. São Paulo: Atual, 1985.

PEDRO, A. *A Segunda Guerra Mundial*. São Paulo: Atual, 1994.

PIERCE, W. *National Vanguard*. Hillsboro, mar. 1994.

REIS FILHO, D. A.; FERREIRA, J.; ZENHA, C. (Org.). *O Século XX*. Rio de Janeiro: Civilização Brasileira, 2000.

ROBERTSON, D. *A Dictionary of Modern Politics*. New York: Oxford, 1993.

SALEM, H. *O que é a Questão Palestina*. São Paulo: Brasiliense, 1982.

SKIDMORE, T. E. *Brasil:* de Getúlio Vargas a Castelo Branco (1930-1964). Rio de Janeiro: Paz e Terra, 1979.

SOUZA, P. de. *Autópsia do Medo*. São Paulo: Globo, 2000.

STERLING, C. Tradução FAIA, F. de Oliveira. *A Rede do Terror*. Portugal: Publicações Europa-América, 1981.

STRAUCH, E. *Serviço Secreto de Israel*. São Paulo: Summus Editorial, 1976.

TAHAN, A. *Revendo o Século XX*. Goiânia: AB Editora, 1999.

TROTSKY, L. *Terrorismo e Comunismo*. Rio de Janeiro: Saga, 1969.

VENTURA, Z. *1968* – O Ano que não Acabou. Rio de Janeiro: Nova Fronteira, 1988.

WERNET, A. *A Primeira Guerra Mundial*. São Paulo: Contexto, 1991.

Crédito das fotos

Pág. 3: Bulloz; *pág. 8:* Keystone; *pág. 10 sup.:* Keystone; *inf.:* AFP/CORBIS/Stock Photos; *pág. 13:* UPI/Bettmann Newsphotos; *pág. 15 dir.:* Keystone; *esq.:* Robert Hunt Library; *pág. 16:* Keystone; *pág. 17:* Julie Meech; Ecoscene/CORBIS/Stock Photos; *pág. 23:* Keystone; *pág. 24:* Peter Turnley/CORBIS/Stock Photos; *pág. 25:* Keystone; *pág. 27:* Keystone; *pág. 28:* Aldus Archive; *pág. 29:* Loomis Dean/Otto Frank/Life Magazine/Time; *pág. 30 esq.:* Keystone; *dir.:* U. S. National Archives, Still Picture Branch; *pág. 32:* Keystone; *pág. 37 sup.:* Keystone; *inf.:* M. P. Castiglia; *pág. 38:* M. P. Castiglia; *pág. 41:* Keystone; *pág. 42:* National Archives, Washington, D.C.; *pág. 43:* Keystone; *pág. 45:* Keystone; *pág. 46:* Keystock; *pág. 52:* Keystone; *pág. 53:* Bettmann/CORBIS/Stock Photos; *pág. 54:* Bettmann/CORBIS/Stock Photos; *pág. 56:* David Rubinger/CORBIS/Stock Photos; *pág. 57:* library.thinkquest.org; *pág. 59:* www.marxists.org; *pág. 72:* Keystone; *pág. 86:* Reuters NewMedia Inc./CORBIS/Stock Photos; *pág. 94 sup.:* AFP/CORBIS/Stock Photos; *inf.:* Peter Turnley/CORBIS/Stock Photos; *pág. 96 sup.:* Keystone; *inf.:* Reuters NewMedia Inc./CORBIS/Stock Photos; *pág. 97:* Peter Turnley/CORBIS/Stock Photos; *pág. 98:* Reuters NewMedia Inc./CORBIS/Stock Photos; *pág. 103:* Keystone; *pág. 104:* Reuters NewMedia Inc./CORBIS/Stock Photos; *pág. 106:* Bettmann/CORBIS/Stock Photos.